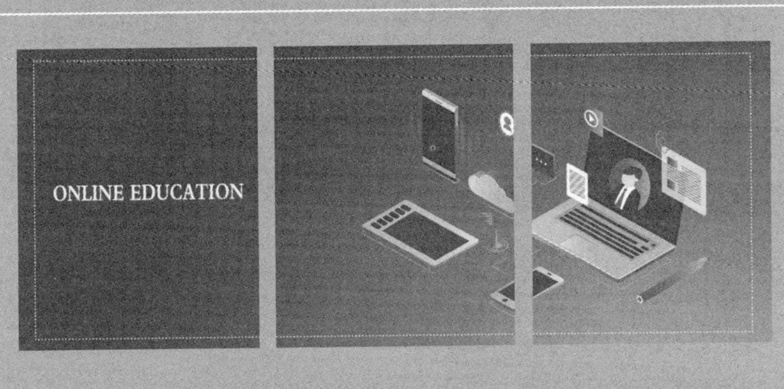

在线开放课程建设与管理

孙 福　孙佳怡　贾 帅　主编

北京理工大学出版社
BEIJING INSTITUTE OF TECHNOLOGY PRESS

内 容 简 介

本书系统介绍了在线开放课程的起源与发展、在线开放课程学习需求、在线开放课程设计与开发、在线开放课程建设的组织与管理，以及在线开放课程评价，内容丰富，详略得当，通俗易懂，具有很强的知识性和实用性。

本书共分为 5 章。第 1 章介绍了在线开放课程的起源、在线开放课程的特点与主流模式，以及在线开放课程的未来发展趋势。第 2 章介绍了在线开放课程学习需求及其分析的内容、方法与步骤，以及在线开放课程学习需求类型。第 3 章系统阐述了在线开放课程设计理念、设计内容与要求、课程开发、课程脚本，以及在线开放课程视音频制作规范。第 4 章简要介绍了在线开放课程规划计划、项目建设过程管理、建设管理制度机制。第 5 章在简要介绍在线开放课程评价理论、内涵、类型、模式的基础上，深入阐述了在线开放课程评价的原则、方式、组织模式，介绍了国家“精品在线开放课程”评价指标体系，构建了较为适用、可操作性强的在线开放课程评价指标体系。书后提供了在线开放课程立项申报书、在线开放课程验收报告书、在线开放课程上线申请表等 7 个较为实用的附录。

本书可供在线开放课程业务管理人员学习使用，也可作为高校教师和专业课程制作团队开发在线开放课程的参考。

图书在版编目（CIP）数据

在线开放课程建设与管理 / 孙福，孙佳怡，贾帅主编. —北京：北京理工大学出版社，2021.3

ISBN 978-7-5682-9616-8

Ⅰ. ①在…　Ⅱ. ①孙…②孙…③贾…　Ⅲ. ①高等学校–网络教学–课程建设–研究–中国　Ⅳ. ①G642

中国版本图书馆 CIP 数据核字（2021）第 043185 号

出版发行 / 北京理工大学出版社有限责任公司
社　　址 / 北京市海淀区中关村南大街 5 号
邮　　编 / 100081
电　　话 /（010）68914775（总编室）
（010）82562903（教材售后服务热线）
（010）68948351（其他图书服务热线）
网　　址 / http://www.bitpress.com.cn
经　　销 / 全国各地新华书店
印　　刷 / 三河市华骏印务包装有限公司
开　　本 / 710 毫米×1000 毫米　1/16
印　　张 / 8.75
字　　数 / 121 千字
版　　次 / 2021 年 3 月第 1 版　2021 年 3 月第 1 次印刷
定　　价 / 42.00 元

责任编辑 / 张海丽
文案编辑 / 张海丽
责任校对 / 周瑞红
责任印制 / 李志强

图书出现印装质量问题，请拨打售后服务热线，本社负责调换

前　言

“互联网+教育”理念的推出，促进了现代信息技术与教育的深度融合。作为在线开放课程的典型应用模式，MOOC 以全新的教学理念与教学模式和免费、开放、在线化、规模化的特点，极大地改变了人们的学习方式。

2020 年，新型冠状病毒在全国肆虐，各大高校都不能如期开学，教育部专门发文部署在线教学有关事宜。在各级教育主管部门的主导下，以高校为主体，积极引导社会参与，各类在线开放课程平台积极响应号召免费开放优质在线开放课程教学资源，共同实施并保障高校在疫情防控期间的在线教学，实现“停课不停教、停课不停学”。

什么是在线开放课程？你知晓在线开放课程的前世今生吗？在线开放课程设计开发需要把握哪些问题？在线开放课程建设如何组织？如何评价在线开放课程？本书针对这些问题，在收集整理并研读分析大量中外有关资料的基础上，追溯了在线开放课程的起源，梳理了后 MOOC 时代衍生出来的 SOOC、SPOC、PMOOC、DOCC 等多种教学模式，厘清了在线开放课程的发展脉络及方向，剖析了在线开放课程的内涵、特点、分类，较为全面、系统地阐述了在线开放课程的设计、开发、建设、管理、评价等各个环节及其规范与要求。

本书由孙福、孙佳怡、贾帅编写。其中，第 3 章、第 5 章由孙福编写，第 1

章、第 2 章由孙佳怡编写，第 4 章由贾帅编写，附录由贾帅、孙佳怡编写。本书在编写过程中参考借鉴了许多专家学者的研究成果和部分高校的文献资料，在此一并表示感谢！

由于编者水平有限，书中难免有不当之处，敬请读者批评指正，不胜感激！

编　者

2021 年 1 月

目 录

第 1 章

在线开放课程的起源与发展

1.1 在线开放课程的起源

近些年，随着现代信息技术和计算机网络技术在教育领域的广泛应用，以慕课即大规模开放在线课程（massive open online course，MOOC）为典型应用形式的在线开放课程（open online course）在当今世界教育领域发展十分迅速，也得到了广泛的应用和推广。我们在研究在线开放课程时应该充分了解其前世今生，即从在线开放课程的起源及其发展为切入点进行研究探索。在线开放课程的真正起源可以追溯到 20 世纪 60 年代。1962 年，被称为“鼠标之父”的美国发明家道格拉斯 • 恩格尔巴特（Dr. Douglas C. Engelbart）提出一项关于教育的详细研究计划，题目为《增进人类智慧：斯坦福研究院的一个概念框架》。他在这个计划中提出一种新的理念或观点，就是把计算机作为一种能够协助增进人类智慧的信息工具和技术手段应用于教育领域，并阐述了把这一教育理念变为现实的可能性。道格拉斯 • 恩格尔巴特极力倡导人们把个人计算机与“互联的计算机网络”结合起来，促使个人计算机的广泛传播并形成世界范围内的大规模的信息分享效应。此后，长期热衷于研究通过计算机技术的应用来推动教育变革的广大教育者，发表了许多学术文章、研究报告等，在这些文章和报告中，他们都主张并致力于推进教育过程的开放，呼吁人们把计算机技术作为一种改革“破碎的教育系统”的手段应用于学习过程之中。

1.1.1 国外在线开放课程的发展

真正意义上在线开放课程开始于麻省理工学院的开放课件运动。2001 年 4 月，麻省理工学院（MIT）时任校长查理斯·维斯特宣布启动开放式课件项目（open course ware，OCW），这是开放课程共享的开始。MIT 俞久平教授希望学习能够超越校园的围墙和时空的限制，使世界各地感兴趣的人士都能享用 MIT 的优质课程和资源。OCW 的资源和内容通常为讲义、教学大纲、作业、考试等，一般不提供学位、学分、认证，也不提供对教师的访问。MIT 的开放式课件项目，共享了优质的教育资源，吸引了世界范围内的大量访问，受到世界各地有关组织的高度关注。

2002 年，联合国教科文组织正式将开放课件的内涵命名为开放教育资源（open educational resources，OER）。开放教育资源不仅包括开放的课程资源，还包括支持教师教学质量保证的工具、软件和技术。起初，世界各国的多所大学将自己的内容展示给用户，上传到网上的课程以文本格式为主，随着互联网技术的发展，学校开始上传一些音视频文件、测试软件以及其他支持获取知识的工具。

2007 年，大卫·怀利在犹他州州立大学讲授早期的大型开放网络课程，或称大型开放式网络课程原型——一个开放给全球有兴趣学习的人来参与的研究生课程。在成为开放主课程之前，这门课程本来只有 5 个研究生选修，后来变成有 50 个来自 8 个国家的学生选修。

2008 年，加拿大阿萨巴斯卡大学开设了一门“关联主义和关联知识”的课程，这也是世界上第一门慕课，原来是为 25 名来自曼尼托巴大学的付费学生开设的，结果超过 2 300 人免费自学了这门课程，该课程每周组织学生进行主题交流，学生可以选择在线论坛或博客进行讨论提问学习。爱德华王子岛大学的戴夫·科米尔和国家通识教育技术应用研究院的布莱恩·亚历山大用“大规模开放在线课程”来描述这门课程，自此大规模开放在线课程流行起来。

2011 年 5 月，乔布斯在与比尔·盖茨聊天时，提出“为什么计算机改变了几乎所有领域，却唯独对学校教育的影响小得令人吃惊？”这便是著名的“乔布斯之问”。“乔布斯之问”呼吁并有效促进了教育与技术的深度融合，从 2011 年秋季开始，慕课呈井喷式发展，并被誉为“印刷术发明以来教育最大的革新”。之后，斯坦福大学教授塞巴斯蒂安·特龙（Sebastian Thrun）等人在 2012 年 1 月投资推出 Udacity 在线课程。同年，斯坦福大学另外两位计算机科学教授安特鲁·吴（Andrew Ng）和达芙妮·科勒（Daphne Koller）创立 Coursera 在线免费课程。2012 年 5 月 2 日，麻省理工学院和哈佛大学共同宣布创建免费开源在线课程计划——edX。这三大主流慕课平台汇聚了大量的在线课程和在线学习者。2012 年，各著名大学和教育机构，极力推动慕课教学，这一年也因此被《纽约时报》称为“慕课元年”。国外的开放课程几乎都是在本校内受欢迎的课程，讲授课程的教师也几乎都是本领域颇有建树的专家。斯坦福大学校长约翰·L. 汉尼斯（John L. Hennessy）在他的一篇评论文章中说：“由学界大师在堂授课的小班课程依然保持其高水准。但与此同时，网络课程也被证明是一种有效的学习方式。”

Udacity 是由斯坦福大学塞巴斯蒂安·特伦、大卫·斯塔文斯（David Stavens）和麦克·索科斯基（Mike Sokolsky）于 2012 年注资成立的一个私立的营利性教育组织，其目标是实现民主教育。Udacity 的理念为“audacious for you, the student”，期许学生勇于学习，因此结合“you”与“audacity”两词，命名为发音等同“you-dacity”的“Udacity”。Udacity 主打理工科课程，主要覆盖计算机科学、数学、物理、商务。其前身为 2011 年 Thrun 在斯坦福开创的免费计算机科学课程。Udacity 的平台不仅有视频，还有自己的学习管理系统，内置编程接口、论坛和社交元素。Udacity 上面的每一门课程都做得非常用心，包含多个单元，每个单元又包含多个知识模块，每个知识模块都有对应的练习和可以打印的、非常详细的课堂笔记。Udacity 没有跟大学结成联盟，主要和个别专家学者以及知名企业，如 Google、Facebook 等合作，重点在科技领域的职前培训，课程没有开课日期，使用者可在任何时间学习，主要的营利模式包括私人指导、实体与线上监考测验、证书颁发、企业合作等。Udacity 网站主页如图 1-1 所示。

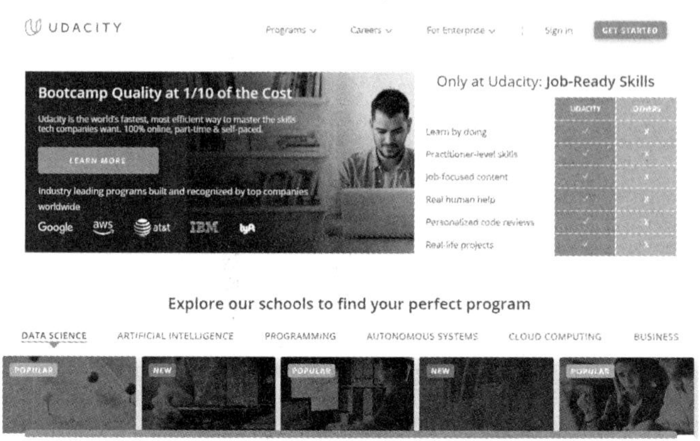

图 1–1 Udacity 网站主页：https://www.udacity.com/

Coursera 是一个免费大型公开在线课程平台，它是由美国斯坦福大学两名计算机科学教授安德鲁·吴和达芙妮·科勒于2012年4月共同创办的营利性机构，包括常青藤大学，以及杜克大学、约翰·霍普金斯大学、莱斯大学、加州理工大学、伊利诺伊大学厄巴纳分校、伯克利音乐学院、清华大学、北京大学等世界多家著名大学加入 Coursera 的阵营。Coursera 课程包罗万象，有艺术、人文、音乐电影、社会科学、法律、健康、营养学、教师专业发展、教育学、经济金融、商业管理、化学、生命科学、地球科学、物理、统计等。Coursera 希望能透过教育使人有效提升个人、家庭与所处社群的生活。其特别的教学理念“同侪互评机制”，让同学在匿名的情况下，根据教师定出的标准替彼此评分。Coursera 网站主页如图 1–2 所示。

图 1–2 Coursera 网站主页：https://www.coursera.org/

edX 是由麻省理工学院和哈佛大学于 2012 年 4 月联手创建的大规模开放在线课程平台。其承诺平台非营利且开放资源，让其他学校可以降低提供课程的阻碍。它基于麻省理工学院的 MITx 计划和哈佛大学的网络在线教学计划，主要目的是配合校内教学，提高教学质量和推广网络在线教育。edX 旨在整合两所名校的师资，免费为大众提供大学在线课堂。edX 的目标是与世界一流的名校合作，建设全球范围内含金量和知名度最高的 MOOC，提高教学质量，推广网络在线教育。edX 的课程内容来自 MITx、Harvardx、Berkeleyx、UTx 和其他学校的交互式在线课程与 MOOC。edX 的合作学校不多，课程主要覆盖化学、计算机科学、电子、公共医疗等，课程数量虽然相较 Coursera 而言少了不少，但是品质也就比较容易维持。除了在线教授相关课程以外，麻省理工学院和哈佛大学使用此共享平台进行教学法研究，促进现代技术在教学手段方面的应用，同时也加强学生在线对课程效果的评价。edX 的经费主要来自麻省理工学院和哈佛大学各自投入的 3 000 万美元。edX 网站主页如图 1–3 所示。

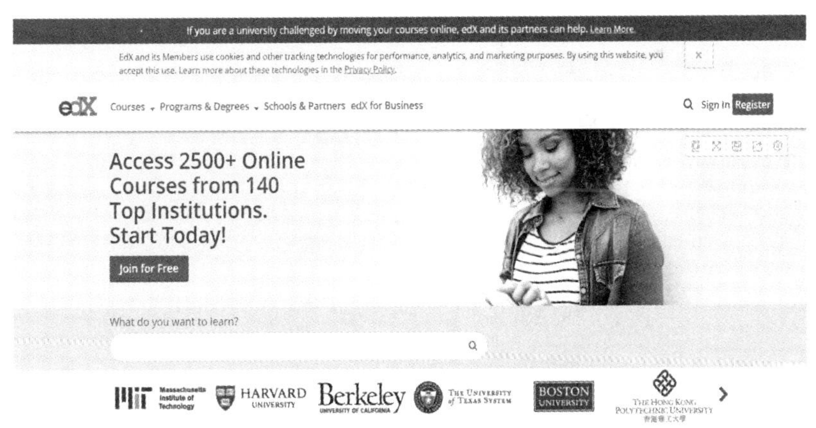

图 1–3　edX 网站主页：https://www.edx.org/

Coursera、Udacity 和 edX 被称为 MOOC 领域的“三驾马车”。除此之外，比较著名的 MOOC 平台还有由孟加拉裔美国人萨尔曼•可汗创立的非营利性教育组织——可汗学院，其网站主页如图 1–4 所示。

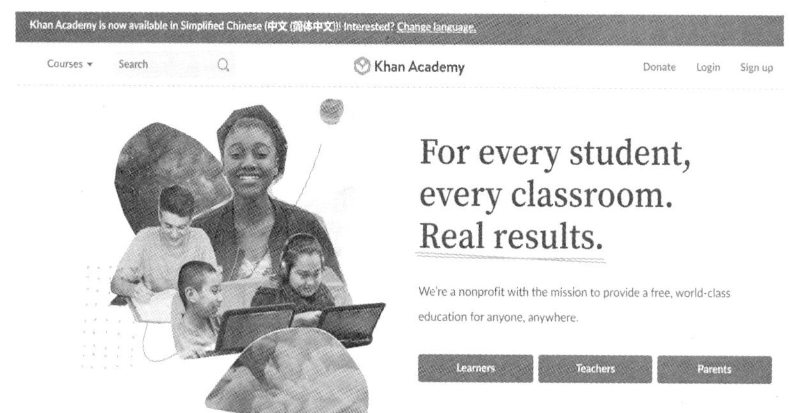

图 1–4 可汗学院网站主页：http://www.khanacademy.org/

英国公开大学（The Open University，OU）创立的第一个 MOOC 平台——FutureLearn，其网站主页如图 1–5 所示。

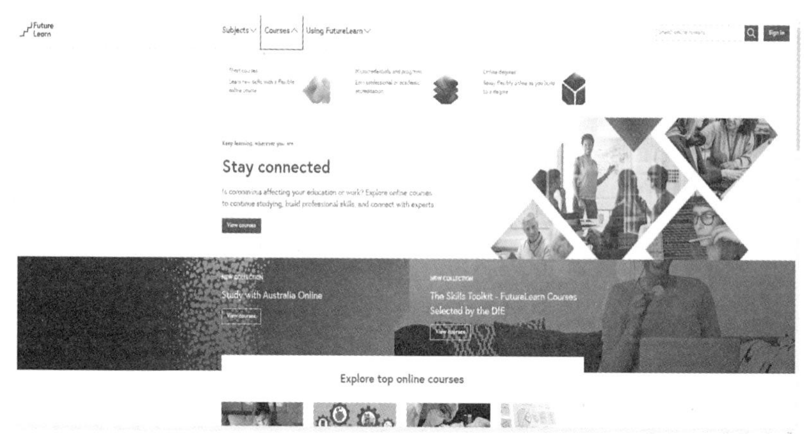

图 1–5 FutureLearn 网站主页：https://www.futurelearn.com/

德国创立的被视为欧洲的 Coursera 的免费 MOOC 平台 iversity（i 代表 internet，与 university 的 versity 合成为 iversity，意为网络大学），其网站主页如图 1–6 所示。

澳大利亚推出的免费 MOOC 平台——Open2Study，意为澳洲开放大学联盟（也称澳洲线上大学，Open Universities Australia，OUA），其网站主页如图 1–7 所示。

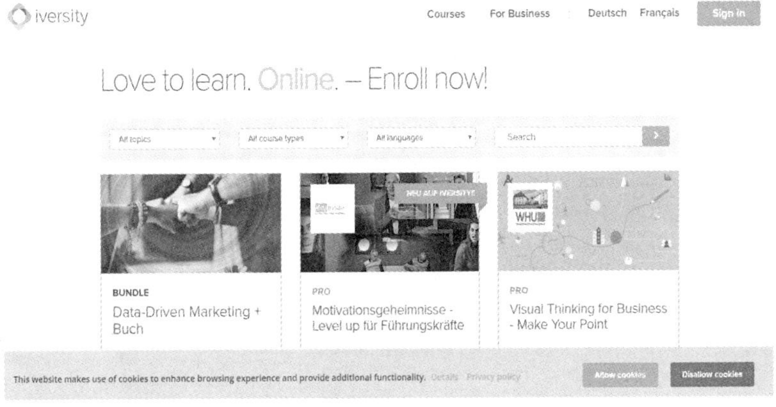

图 1–6　iversity 网站主页：https://iversity.org/

图 1–7　Open2Study 网站主页：http://www.open2study.com/

日本的 MOOC 平台——schoo 是以传授“经营创业”“商业技巧”“科技与 IT 业界趋势”等为主题的网站平台，其网站主页如图 1–8 所示。

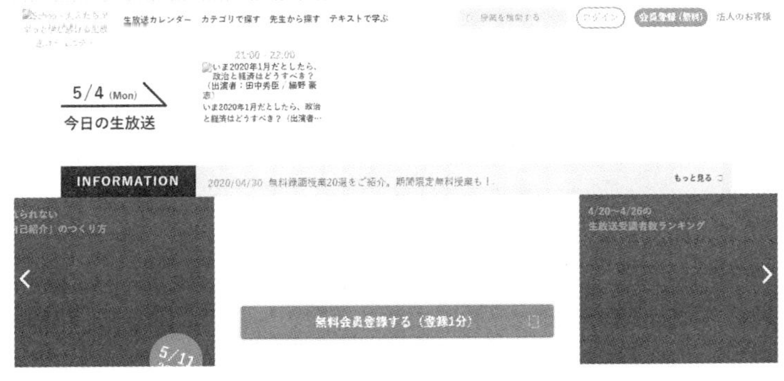

图 1–8　schoo 网站主页：https://schoo.jp/

1.1.2 我国在线开放课程的发展

2011 年，教育部下发了《教育部关于国家精品开放课程建设的实施意见》(教高〔2011〕8 号)，组织“985 工程”高校先行启动视频公开课建设试点工作。2012 年，经有关高校建设和申报、教育部组织专家评审遴选，认定 43 门课程为首批“精品视频公开课”在“爱课程”网、中国网络电视台及网易三个网站免费向社会开放。截至 2018 年底，教育部共公布八批、992 门“精品视频公开课”。2013 年起，教育部分四批认定了 2 911 门“国家级精品资源共享课”。

随着“慕课元年”的确立，清华大学、北京大学、上海交通大学等高校也相继加入 Udacity、Coursera 和 edX 世界三大主流平台。上海交通大学在 2013 年与 Coursera 平台签订合作协议，成为国内首所开展 MOOC 的高校；清华大学和北京大学成功加入 edX 平台；复旦大学推出“大数据与信息传播”MOOC 课程；华东师范大学成立国际慕课研究中心；其他高校也纷纷加入 MOOC 建设的队伍。2013 年，在教育部大力推动下，中国慕课建设开始起步，也可以称为“中国的慕课元年”。慕课平台的注册人数和完课人数此后逐渐增加，越来越多的国人加入慕课，并完成了学习。支持在线课程的平台也相继涌现。

2013 年 10 月 10 日，清华大学“学堂在线”慕课平台正式向全球发布。其网站主页如图 1–9 所示。

图 1–9 “学堂在线”网站主页：https://next.xuetangx.com/

2014 年 3 月 29 日，人民卫生出版社联合国内 40 余家重点医学院校、科研院所等机构，发起成立了中国医学教育慕课联盟（人卫慕课），开启了中国医学教育“慕课元年”。截至 2018 年 4 月，联盟单位近 200 家，几乎涵盖了国内所有医学院校。其网站主页如图 1–10 所示。

图 1–10　人卫慕课网站主页：http://www.pmphmooc.com/

2014 年 4 月 8 日，上海交通大学成功自主研发的中文慕课平台“好大学在线”正式上线发布。其网站主页如图 1–11 所示。

图 1–11　“好大学在线”网站主页：https://www.cnmooc.org/

2014 年 5 月 8 日，高等教育出版社“爱课程”网的中国大学 MOOC 开通，中国大学 MOOC 与国内的 40 余所“985 工程”“211 工程”高校合作，以参与建设高校及课程团队数量、课程及教学资源数量、选课人数等稳居国内 MOOC 平台之首，而成为中文 MOOC 第一大平台，截止到 2020 年 2 月底，中国大学 MOOC 已有 608 所合作高校。其网站主页如图 1-12 所示。

图 1-12 中国大学 MOOC 网站主页：https://www.icourse163.org/

2014 年 5 月 12 日，由深圳大学发起并成立了全国地方高校 UOOC（university open online courses，大学在线公开课）（优课）联盟，成为首个全国地方高校优质 MOOC 课程资源共享平台。其网站主页如图 1-13 所示。

图 1-13 优课联盟网站主页：http://www.uooconline.com/

2015 年 2 月 19 日，华文慕课平台正式在北京大学校内院系一级进行试用。其网站主页如图 1-14 所示。

图 1–14　华文慕课网站主页：http://www.chinesemooc.org/

起初，中国的 MOOC 学习者主要分布在一线城市和教育发达城市，学生的比例较大。2015 年 4 月，教育部出台教高〔2015〕3 号文件《教育部关于加强高等学校在线开放课程建设应用与管理的意见》，该文件的出台标志着我国在线开放课程建设工作进入政府主导的规范化轨道。截至 2019 年 4 月，教育部已认定国家精品在线开放课程 1 291 门，我国上线慕课数量已达 1.25 万门课程，有 1 000 余所高校开设慕课，超过 2 亿人次在校大学生和社会学习者学习慕课，6 500 万人次大学生获得慕课学分，200 余门优质慕课先后登陆美国、英国、法国、西班牙、韩国等国的著名课程平台。我国慕课从无到有、从小到大、从弱到强，慕课总量、参与开课学校数量、学习人数均处于世界领先地位，我国已成为世界慕课大国。

2019 年 4 月 9 日，以“识变、应变、求变”为主题的首届中国慕课大会在北京盛大举行。大会关注提升教育质量、推进教育公平，关注慕课建设与成果应用，为推动教育现代化向纵深发展、建设学习型国家开辟更为广阔的前景。教育部领导做了《适应新时代新要求努力建设世界一流水平的中国慕课》的讲话。参加中国慕课大会的 600 位代表汇聚北京，为办好更加公平、更有质量的中国高等教育，就中国慕课的更快建设、更好使用、更有效学习、更有序管理，共同发表了《中国慕课行动宣言》。基于互联网的慕课及其发展现状和趋势成为教育界乃至全社会讨论的一大焦点。高速发展的慕课已经成为提高教育质量、推进教育公平的重要战略举措，成为中国教育现代化的强大推动力。

1.1.3 线上线下混合式教学课程

在慕课模式下，混合式学习方式在高等教育中的应用不断被尝试和验证，大规模在线开放课程向学生展现了一种全新的在线学习方式。学生有明确的学习期限，根据课程要求结合自身的需要，自由地选取相关的知识模块，整体把握所学内容。慕课采用生成式的学习方法，课本上的内容并不是学习的全部，学习的重点在于如何在不同的条件下应用知识提出问题、分析问题以及解决问题。目前，线上线下混合式教学在各个学校的应用逐步推开，教育部也在实施具有“高阶性、创新性和挑战度”的五大“金课”之一的线上线下混合式国家一流本科课程认定工作。

“混合式教学”的概念是由斯密斯. J 与艾勒特 • 马西埃于 2002 年提出的。“混合式教学”源于人们对在线学习的理性反思基础上对信息化教学模式的重构，实质就是把网络学习的优势与传统教学模式的优势结合起来，利用“线上”加“线下”的教学，把两种教学组织方式有机结合，实现优势互补，既能充分发挥教师的主导性和监控教学过程作用，又能促使学生由被动学习向主动学习转化。

在学校特别是高等学校的教育教学中，线上线下混合式教学模式的典型应用形式就是翻转课堂。“翻转课堂”这个概念是从“flipped classroom”或“inverted classroom”翻译过来的，也可以翻译成“颠倒课堂”，是指重新设计和调整了课堂内外的结构与时间，将课堂学习的最终决定权从授课教师手上转移给学生。在这种教学模式下，在有限的宝贵时间内，学生能够更加专注于主动、基于项目的学习，共同研究解决本地化乃至全球化的问题与挑战，从而使学生获得更深层次的认识和理解。教师不再占用课内时间来讲授课程内容，这些内容需要学生在课前完成才能进行自主学习，他们可以通过观看网络视频讲座、听网络播客、阅读电子书，还可以在社交网络上与别的同学进行讨论与交流，能在任何时间去查阅需要的材料。在课后，学生可以规划学习内容，掌握学习节奏，以适合自身的风格与方法进行自主学习，教师则可以采用讲授法和协作法来满足学生的需要和促成他们的个性化学习，最终目标旨在让更多学生通过课堂实践活动获得更真实的课堂学习。这种翻转课堂的模式实际上是大教育运动的一部分，它与混合式学习、探究性学习、其他教学方法和工具在含义上有所重叠，都是为了让学习更加灵活、主动，让学生的参与度更强。互联网时代，学生通过互联网学习丰富的在线开放课程，不必一定要到学校接受教师讲授。互联网尤其是移动互联网催生“翻转课堂式”教学模式。“翻转课堂式”是对基于印刷术的传统课堂教学结构与教学流程的彻底颠覆，由此引发了教师角色、课程模式、管理模式等一系列变革。

1.2　在线开放课程的特点与主流模式

1.2.1　在线开放课程的特点

在线开放课程属于网络课程范畴。网络课程是指通过网络表现的某门学科的教学内容及实施的教学活动的总和。北京师范大学武法提教授认为网络课程是在课程论、学习论、教学论指导下，通过网络实施的以异步自主学习为主的课程，是为实现某学科领域的课程目标而设计的网络学习环境中教学内容和教学活动的总和。丁兴富认为，在线开放课程是教师网络教学与学习者网络学习占传统校园学校教育教学全过程的比重或成分超过 80%的网络远程教学课程。从本质上讲，在线开放课程是根据线上与线下教学内容的比例来界定的，仍然属于课程的范畴。但在线开放课程采用了一种全新的课程教学模式，具有与传统教学模式截然不同的特点，改变了教师与学习者的角色。我们最常见的在线开放课程形式是慕课形式，是“互联网+教育”的产物，坚持以“学习者为中心”的教育教学理念，促进教育与信息技术的深度融合，重构课程体系、课程内容和教学模式，是一种针对大规模人群的新型在线教育模式，人们可以通过网络实现碎片化、自主性学习。与传统网络课程相比，慕课是以“微视频”+“交互式随堂测试”为基本教学单元的知识点组织和学习模式，借助交互式随堂测试、作业、答疑、学习社区等手段，实现师生、生生的教学互动与研讨，具备基于“学习大数据”对学习行为进行分析、统计、支撑个性学习与服务功能，课程教学活动在统一和规范化的学习平台上完成，一般可提供学习证书和记录学分。慕课在互联网上提供学习的视频课程资源、文本材料以及在线答疑的服务，还可提供学习者用于讨论慕课学习内容的相应主题的交互性社区，它把有志于学习的人和想要帮助他人学习的专家“聚集”在一起，从而造成数以万计的人同时选学一门课程的景象。更吸引人的是，慕课几乎是免费的，基本没有门槛限制，学习时间相对自由，学习环境也无限制。慕课“完全对所有人免费开放优质在线课程”的宣传、“颠覆高等教育，实现高等教育的‘网络化’，取代实体的高等院校”的魅力着实令人心动。

以慕课为典型应用的在线开放课程，具有传统课程的一般属性，包括教育目标、教学内容、教学资源、教学效果、教学评价等课程构成要素。在课程呈现方式上，又不同于传统课堂的教学模式，是运用信息技术在网络支撑平台上，采取文字、图形、图像、音频、视频、动画等多媒体形式呈现。在教学设计上，在线开放课程的学习过程具有交互性、共享性、开放性、协作性和自主性，在线开放课程的学习是一种基于资源、基于情境、基于协作的学习。在教学环境上，在线开放课程的教与学处于一个时空分离的虚拟环境。大规模开放背景下，在线开放课程除了提供课程视频、阅读材料、在线测验等课程资源外，还具备交互功能，开设用户论坛，能够为学习者、教师和助教建立网络学习社区并利用大数据技术对学习过程数据进行处理，还能为教与学双方提供信息反馈。

——在线开放课程融合多种社交网络工具和多种形式的数字资源，形成多元化的学习工具和丰富的课程资源，呈现出工具资源多元化的特征。

——在线开放课程突破传统课程时间、空间的限制，依托互联网世界的学习者在家即可学到国内外著名高校课程，呈现出课程易于使用的特征。

——在线开放课程突破传统课堂人数的限制，能够满足大规模课程学习者的学习请求，呈现出课程受众面广的特征。

——在线开放课程特别是慕课具有较高的入学率，同时也有较高的辍学率，需要学习者具有较强的自主学习能力才能按时完成课程学习内容，呈现出课程参与自主性的特征。

1.2.2　在线开放课程的主流模式

在线开放课程成功实现了一种高端的知识交换。它除了适用于在校学生的选课学习，也适用于专家培训，各学科间的交流学习以及特别教育的学习模式——任何学习类型的信息都可以通过网络传播。在线开放课程可以给学习者带来很多益处，能够让每个学习者免费获取来自名牌大学的资源，可以在任何地方、任何时间进行自主学习。这就是在线开放课程的强大功能所在。根据在线学习目的和需求的不同，可以选择不同类型、不同模式的在线开放课程。

1. 网络公开课模式

百度百科对公开课和网络公开课分别是这样描述的："公开课是有组织、有计划、有目的的一种面向特定人群做正式的公开的课程讲授形式活动。公开课主题鲜明、任务明确，除了学生参加听课外，还有领导及其他老师参加，是老师展示教学水平，交流教学经验的好时机。公开课同时也面向企业，是多个企业共同参加共同探讨同一主题的课程。""网络公开课，是指耶鲁、哈佛、麻省理工等美国知名高校都已纷纷在网上提供课堂实录的录像，以飨全世界的求知者。世界知名大学的网络公开课程，可称是优势教育资源对个人自修的赠予。"网络公开课的起源可以追溯到 1969 年，当时英国为发展远距离教学而成立了开放大学。随着信息技术的发展，公开课的模式也发生了变化，为达到教育资源的共享，充分运用计算机网络技术，打破时空的限制，营造虚拟空间网络公开课程。

网络公开课实质上是一种讲座型在线开放课程模式，主要针对想要了解相关领域文化和科学知识的社会大众开设，目的在于促进社会文化发展与文明进步，由讲座教师挑选经典或广受欢迎的课程内容，按出版级水平制作视频发布在网络上。网络公开课的授课视频不是按章节大纲进行编排，也不是按知识点划分讲座内容，大多数情况下是以专题形式进行讲授和录制，每个专题由若干个时长在 30 分钟左右的独立视频组成。网络公开课面向社会大众免费开放，学习者不用注册，直接点播便可学习。

这类课程的典型代表是网易公开课、新浪公开课等。其网站主页如图 1－15

和图 1-16 所示。

图 1-15 网易公开课网站主页：https://open.163.com/

图 1-16 新浪公开课网站主页：http://open.sina.com.cn/

2. 网络资源共享课模式

网络资源共享课模式是以教师引领为主的在线开放课程模式。此种模式在线开放课程，以名师为主导，注重团队协作，以传统课堂教学过程为主线，按章节结构划分课程内容，把支撑传统面授课堂教学过程和相应教学环节的教与学进行资源数字化处理，采用知识点、关键字、索引将这些资源分类放到在线学习平台上，并且通过教学团队协作来共同引领学习过程，构建在线学习社区，支持学习者以正式学习的方式参与互动并达到知识建构的效果。网络资源共享课的每段视频一般为 45 分钟左右，学习者需要注册方可学习，一般对学生和课程教师免费开放。网络资源共享课的受众对象主要是需要课程学习的学生，同时也可用于教师发展，服务于旨在提升个人教学能力的教师。

这类课程的典型应用如爱课程的资源共享课。其网站主页如图 1－17 所示。

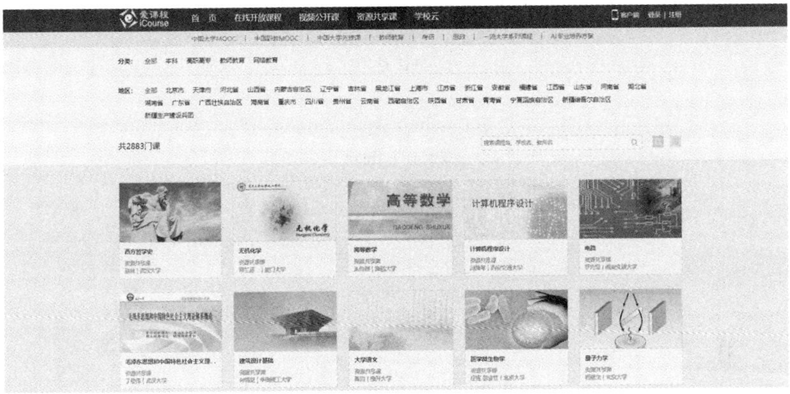

图 1－17　爱课程的资源共享课网站主页：http://www.icourses.cn/

3. 慕课课程模式

对于慕课，前面已经简要介绍过，英文缩写为 MOOC。其中，第一个字母“M”代表 massive（大规模），与传统课程只有几十个或几百个学生不同，一门 MOOC 课程动辄上万人，最多达十几万人；第二个字母“O”代表 open（开放），以兴趣导向，凡是想学习的，都可以进来学，不分国籍，只需一个邮箱，就可注册参与；第三个字母“O”代表 online（在线），学习在网上完成，不受时空限制；第四个字母“C”代表 course（课程）。

慕课从某种意义上讲是一种个人自主学习型在线开放课程模式。慕课课程选取优秀的课程内容重新进行教学设计，通过制作团队的精良的技术手段，使这些优秀课程内容变得更加精致、更具模块化，并辅以自动评测的在线测验与考试，理工科课程甚至可以在线虚拟实验过程，支持学习者真正实现随时随地的自主学习，也支持多人讨论交流、共同完成知识建构。这类在线开放课程打破了传统面授课堂上由一名教师主导的教学活动模式，采用章节教学周大纲与知识点序列双索引，支持在线协作学习，支持教学团队与学习者共建在线学习社区；学习者在线自主学习教学资源，并以非正式学习的方式参与互动；学习平台提供网络社交的功能，通过同伴支持与学习者的自主学习相结合，达到知识社会化建构的学习效果；慕课课程每段视频长度为 15 分钟左右，适合碎片化自主学习。为了保障学习者不在课程学习中迷航，慕课课程可以按需自由注册，免费学习，通过考核后付费拿证书。

前面介绍的Coursera、中国大学MOOC、华文慕课等平台，均是MOOC课程平台。

除了上述三种主要在线开放课程模式外，目前，还有私播课即小规模限制性在线课程（small private online course，SPOC）、在线虚拟训练课程、微课等形式。

（1）SPOC。SPOC是2013年由加州大学伯克利分校MOOC－Lab的课程主任Armando Fox（阿曼德·福克斯）教授首次提出的。SPOC实质上是MOOC的延续和发展，是MOOC与传统校园教学的有机融合。具体来说，SPOC将MOOC中的教案、课件、视频、通知、资料、考试、测验、作业等教学资源和讨论、统计、督学、管理、直播等在线教学交互功能应用到小规模的注册学习者团体的在线开放课程中，开展在线学习和线下面对面学习的混合式教学模式。

（2）在线虚拟训练课程。在线虚拟训练课程，是指依托网络平台，采用虚拟真实背景下的游戏化、沉浸式、互动式等方式，实施操作技能、大型活动方案推演、训练创新等训练的课程，具有吸引力强、组训灵活、训练效益高等鲜明特点。在线虚拟训练课程实质上就是以课程形式建设和运行的在线虚拟仿真训练系统。

（3）微课。微课又名微课程，是2011年胡铁生在国内率先提出的概念，是在课例片段基础上发展起来的，以微型教学视频为主要载体，针对某个学科知识点（如重点、难点、疑点、考点等）或教学环节（如学习活动主题、实验任务等）而设计开发的一种情境化支持多种学习方式的新型在线网络视频课程。

1.3 在线开放课程的发展趋势

“互联网＋”是产生于中国本土的互联网概念。2012年11月14日，由易观国际于扬首先提出，腾讯马化腾此后大力推动，李克强总理在2015年政府工作报告中予以确认，“互联网＋”的概念在中国大地迅速升温。作为“互联网＋教育”的典型模式之一的在线开放课程，在我国迎来了空前的发展机遇，在各大高校和各类教育机构极力推动下发展迅速，取得了很好的应用效果。同时，后 MOOC 时代的出现，衍生出多种新的教学模式，特别是 SPOC 助力了高校混合式教学模式的应用和在我国本土化发展，并在学习环境、服务模式、共建共享、基于移动终端的学习等方面呈现出新的发展趋势。

1.3.1　后 MOOC 时代衍生出来的教学模式

作为在线开放课程的典型代表，MOOC 以全新的教学理念与教学模式和免费、开放、在线化、规模化的特点，极大地改变了人们的学习方式。其本质是一种开放网络教育形式，建设的初衷是为了满足学习者的个性化学习需求、共享优秀教学资源与可持续发展的学习和认证模式，其孕育发展的过程已历经几十年。虽然，MOOC 呈现出了很好的发展势头和应用效果，但其在发展的过程中也逐渐暴露出一些问题，存在一定的局限性，如学习体验缺失、监管乏力、学习者不易坚持、课程完成率低、学分认证难、难以实现个性化学习及教师与学习者缺乏面对面交流等。针对这些问题与局限，国内外教育机构和学者们致力于从不同的问题视角、课程类型和教育理念对 MOOC 进行改进，衍生出 SOOC（small open online courses，小型开放在线课程）、SPOC、PMOOC（personalized MOOC，个性化公播课程）、DOCC（distributed open collaborative course，分布式开放协作课程）、MOOL（massive open online labs，大规模开放在线实验室）、MOOR（massive open online research，大众开放在线研究课程）等教学模式，其很好地补充和拓展了 MOOC，进一步丰富了形式，增大了选择的可能性，这也就标志着后 MOOC 时代已经到来。祝智庭和刘名卓在其发表的《“后 MOOC”时期的在线学习新样式》中，较为详细地介绍了后 MOOC 时期各种新样式及其内涵。

1. SOOC

SOOC 的出现是为了解决 MOOC 教学平台参与度低、通过率低以及学生背景不一致的三大问题，其运行机制与 MOOC 基本一致，但对学习对象进行限制，招生规模缩小到数十个或者数百个，筛选后的学习者开展各种学习讨论和互动。

SOOC 模式相比 MOOC 模式，节约了存储和带宽成本，提高了教学设计及课程环节完整性，在一定程度上解决了 MOOC 平台的问题。

2. SPOC

对于 SPOC，前面已经做简要介绍，在这里再强调一下，SPOC 概念的提出目的是将优质 MOOC 资源与课堂教学有机结合，借翻转课堂教学提高教师的调节能力和学习者的过关率，帮助教师掌握学习者的参与情况。与 MOOC 相比，SPOC 强化了教师的作用，提高了教学质量和课程通过率，降低了制作成本，更符合可持续发展的需求。

3. PMOOC

PMOOC 是由北亚利桑那大学的弗雷德里克・赫斯特提出的“个性化学习项目”。在这个项目中，弗雷德里克・赫斯特对通过在线方式进行学习的学习者进行了个性化需求上的变革，如由学习者自己制定学习的计划安排和方法步骤，并由其自己决定在线课程的开始与结束学习的时间。设定系统收集学习者个性化学习需求，自动跟踪其学习进程，经过系统分析给予每个学习者个性化的学习安排建议。基于这个项目，弗雷德里克・赫斯特与世界最大的教育出版商合作并在其支持下，很快就开发出具备大数据挖掘进行数据分析功能、基于学习者的个性化学习需求、能够及时调整课程内容和进度的在线课程与考试系统，为学习者提供包括每门课程的前测与后测和课前免费补习等服务。

4. DOCC

DOCC 是将传统协作学习的理念引入 MOOC 网络教学模式中，强调学习过程中学习者之间的协作，旨在解决或克服传统 MOOC 教学模式中缺少协作学习和分布式交流的现实问题。2013 年 8 月，FemTechNet（一家女权主义研究机构）在布朗大学、耶鲁大学和罗格斯大学等 15 所大学开设了一门名为“女权主义与科技之对话”的课程，这便是 DOCC 的开始。该门课程不局限于单一专家授课，其课程专家背景多样化、分布在各高校或机构，突出数字时代的协作学习，避免学生被动学习。该课程对这些大学的所有学生开放，并在安东尼向社区开放。DOCC 要求课程内容和授课专家来自不同地方的多所高校，课程面向公众开放，所有大学都承认学分，强调开展协作学习，允许学习者积极参与讨论和交互。

5. MOOL

MOOL 是通过在线网络提供一种虚拟实验室模拟软件，具有无时间限制、耗材成本低、实验过程可重复和可回放、方便找出错误等优点。典型的 MOOL 案例有瑞士 React Group 组织开展的“MOOLs：Maghrebi Open Online Labs”项目、卡内基·梅隆大学的 EteRNA 大规模在线实验项目；斯坦福大学兰伯特斯·海塞林克（Lambertus Hesselink）教授提出可扩展的虚拟实验室原型，设计了一个小型的衍射实验（LabVIEW）。这些在线实验室的共同特点是先通过虚拟实验不断地改进实验，最终确定实际实验方案并通过实验验证其科学性。与现实实验相比，MOOL 不受时间限制，可以全天候、全时段都是开放的，学习者根据需要可以随时进行实验；同时 MOOL 实验过程可重复、消耗小，学习者可以反复进行操作训练。1.2.2 小节中所提到的在线虚拟训练课程与 MOOL 类似。

6. MOOR

2013 年 9 月，加州大学圣地亚哥分校的帕维尔·佩夫兹纳（Pavel Pevzner）教授及其研究团队在 Coursera 平台开设“生物信息学算法”在线课程，在这门课程中第一次包含了大量的研究成分，MOOR 为学生从学习到研究的过渡提供了渠道，使得教学重心由知识的复制传播转向问题的提出和解决。MOOR 强调研究性学习，以问题探究为起点进行交互扩展研究，因而称为 MOOR。

以上 6 种 MOOC 的衍生模式与 MOOC 的对比分析，详见表 1–1。

表 1–1　MOOC 及其后时代教学模式对比分析

教学模式	教学过程	学习类型	师生关系	参与人数	入学条件
MOOC	线上教育	自主学习	开放式	大规模	无限制
SOOC	线上教育	自主学习＋协作学习	开放式	小规模	无限制
SPOC	线上＋线下	自主学习＋协作学习	开放式	小规模	有限制
PMOOC	线上教育	个性化学习＋协作学习	开放式	不限	无限制
DOCC	线上教育	自主学习＋协作学习＋研究式学习	开放式	大规模	无限制
MOOL	线上＋线下	自主学习＋协作学习＋研究式学习	开放式	不限	无限制
MOOR	线上教育	协作学习＋研究式学习	开放式	不限	无限制

除了上述 6 种常见的 MOOC 衍生模式，还有以下几种形式。

Meta-MOOC：meta-massive open online course，超级公播课，2014 年 1 月，美国杜克大学的凯茜·戴维森教授在 Coursera 上开设了“高等教育史与未来”课程。该课程的网上授课时间与戴维森教授在杜克大学的面授课程同步进行，而且在斯坦福大学和加州大学圣巴巴拉分校同步进行分课堂教学。这三个学校的学科教师同时教授这门课程，共享课程资料，由学生进行作业或作品互评，来自不同学校的学生和教师组成了一个学习共同体。正如凯茜·戴维森教授所说，这不仅是一门 MOOC，而且是一个运动，所以把它称为“Meta-MOOC”（超 MOOC）。

DLMOOC：deep learning MOOC，深度学习公播课，是由 High Tech High 教育研究生院、麻省理工学院媒体实验室（MIT media lab）、结伴大学组织（Peer to Peer University）以及休利特（Hewlett）基金会深度学习实践共同体之间的协作探究项目（Rebeccakahn，2013）。DLMOOC 鼓励教师与同行合作，共同反思实践，彼此分享。

MobilMOOC：移动学习公播课，通过移动学习设备学习的公播课，致力于 MOOC 与移动学习的有效整合。

DCGS：dynamic course generation system，动态课程生成系统，大数据驱动，采用智能识别方式，精准匹配教师和教材。

MOOC-Ed：是 2013 年美国推出的一项专门针对教师专业发展的 MOOC 平台，其基本理念贯穿其课程结构，包括自我导向学习理念、专业学习共同体理念，以及反思性实践理念。平台的课程类型有数字化学习转变、指导数字化学习、分数基础、深度学习学科素养、学习差异性以及通过数据调查教师统计学。

“Wrapped” MOOC：与 SPOC 相似，教师将 MOOC 材料进行改编，并与自己的教学内容、活动、阅读材料以及任务进行整合。这种形式与翻转课堂的不同之处就在于其学习材料是被整合于课堂之内的，而不是作为学生的作业。

“White Label” MOOC：由 edX 提供，但是只针对特定的企业或者组织开放。

Mini-MOOC：与 Webinar（网络研讨会）形式相似，视频非常短小精悍。

Participatory meta-MOOC：参与式元慕课。

MPOC：massive private online course，大规模私有在线课程。

SMOC：synchronous massive online course，同步大规模在线课程，最初由得克萨斯大学奥斯汀分校提出，在校学生以及没选修该门课程的学生都可以同时选择，该课程通过网络每两周开课一次。

POOC：personalized open online course，个性化在线开放课程，目前这种形式更多的还是一种设想，并没有变成现实，这种形式的课程能否成功主要取决于能否收集到学生的学习相关数据，并根据这些数据给学生提供个性化的指导。

随着在线开放课程的发展，还将会衍生出更多的 MOOC 的变种形式。后 MOOC 时代模式侧重于从不同的方面对 MOOC 进行改进和应用。其中，SPOC 因其将 MOOC 资源与课堂教学有机结合而备受关注，它继承了 MOOC 的优势，又能解决 MOOC 在高校教学中面临的困境，符合当前高校教学改革的需求。

虽然每一样式都代表着在线教育的一类新型探索与实践，但它们都带有 MOOC 的“免费、公开、在线”的基因，所以仍可将它们看作 MOOC 的延续与创新。实际上，每一样式的提出都代表了不同的视角、不同的教育假设和教育理念。正如德国波茨坦大学克里斯托夫 • 梅内尔教授所说：“MOOC 是对传统大学的延伸而不是威胁或者替换，它不能取代现存的以校园为基础的教育模式，但是它将创造一个传统的大学过去无法企及的、完全新颖的、更大的市场。”鉴于此，我们虽然可以继续欣赏 MOOC 对教育开放带来的正能量，但不应一叶障目，不见其他，而是应该开始运用“后 MOOC”的思维去审视与推进在线教育。可以相信，后 MOOC 时代形成的多样化在线学习方式，也将创建新的开放教育生态。

1.3.2　SPOC 在高校中的应用模式分析

与 MOOC 相比，SPOC 应用于教学有其独特的优势。SPOC 混合式教学模式融合了网络教学与传统课堂教育的特点，将 SPOC 运用于高校教学，既符合当前混合学习模式的趋势，又能促进教学质量的提高及促进高校教学的改革。MOOC 与 SPOC 教学模式对比分析见表 1–2。

表 1-2 MOOC 与 SPOC 教学模式对比分析

比较内容	MOOC	SPOC
学员资格	无限制	多为在校大学生，特定课程除外
学生规模	大规模	小规模
开放性	完全开放	有限制条件，通过申请者可加入
学习形式	自主在线学习	自主在线学习＋课堂学习交流（线上＋线下）
教学资源	微视频、测验、项目等完整独立的课程资料	微视频、测验、项目等部分课程资料
教师角色	启发，利用论坛或平台交流，引导学生自主学习	启发者、导师、课堂设计
课程完成率	较低	高
评价形式	自动评价	自动评价＋其他评价形式
平台与机制	复杂	较简单

在线开放课程与传统课堂教学的融合成为当下实践应用层面的焦点。基于 MOOC 教学模式，结合学习者知识层次和特点、课堂面授的实际情况等因素不断创新发展，推出翻转课堂、SPOC、MPOC 等新的线上线下相结合的混合式教学模式。SPOC 对入读人数和入读条件都有限制，但它仍然是开放和免费的。从本质上说，SPOC 与 MOOC 属于同一类，在教学设计、教学理念上并没有多大突破，只不过更加小众而已，但在应用上有其独特的优势。

1. SPOC 具有完整化、深度化的学习体验

学习环境与学习过程是影响学习体验的重要因素。与 MOOC 相比，SPOC 的同构性特点更为突出，SPOC 的线下学习模式通过采取讨论和交流的形式来提高学习者的参与度，给予学习者更为完整的学习体验。良好的学习体验离不开完整的教学活动设计，SPOC 教学活动的设计主要表现在以下方面：教师通过平台发布课程任务、布置作业、组织课程研讨，学习者自主进行课前预习、视频观看、完成作业、讨论交流、参加考试等。另外，可提供具有针对性的指导和学习建议是 SPOC 课堂的一大特色，教师能够以平台数据为依托，对学习者的学习行为进行直观的了解，针对学习者存在的问题及时给予反馈，教师与学习者之间形成有效的反馈机制，赋予学习者更为完整化、深度化的学习体验。

2. SPOC 更能利用课堂优势开展情境式教学

杰柯布·艾伦雅各布斯认为，学习者在真实课堂环境中与他人交流的思想会通过各种方式表现出来，是课堂教学中极具价值的生成性资源，是单纯网络教学不可比拟的。MOOC 中缺少传统教学中的实时讨论、个性化引导和面对面交流等，这种弊端一定程度上影响了 MOOC 的持续发展。而 SPOC 混合教学模式解决了 MOOC 的这一劣势，SPOC 教学在 MOOC 的基础上增添了线下课堂教师面授教学的环节，大大增加了教师与学习者面对面交流的渠道与机会，利于情境式教学的实践。

3. SPOC 在我国本土化过程与发展

伴随着网络信息技术的蓬勃发展，混合式教学理念逐渐深入人心。2015 年 4 月，教育部发布了《教育部关于加强高等学校在线开放课程建设应用与管理的意见》，指出“高校可根据本校需要选用适合的学习平台及小规模专有在线课程平台，开展在线开放课程的建设和应用推广，以便为高校师生和社会学习者提供个性化和全方位服务”。各大高校纷纷响应国家号召，采取混合学习模式进行教学改革。SPOC 模式则是众多高校选择的对象之一，它是一种新型的教学模式，归属于混合式教学的范畴，迎合了高校教学改革的需求，通过将大规模开放型的 MOOC 课程转化为小规模限制性的 SPOC 课程，达到了知识内化的目的，对学习者的学习能力、团队协作能力及沟通交流等能力的形成具有积极作用。

多媒体技术和互联网技术的飞速发展促使 SPOC 备受青睐，诸如清华大学、北京大学、复旦大学、浙江大学、上海交通大学等高校都开设了 SPOC 课程，广大教育者对 SPOC 的研究也在逐步深入。清华大学推出了一种新型的教学工具——雨课堂，该平台得到人们的认可与广泛的应用。“雨课堂”是由“学堂在线”与清华大学在线教育办公室共同研发的一款新型辅助教学的智能服务终端，通过将课前、课上、课后 3 个环节串联起来，形成一个完整的教学流程，赋予教师与学生全新的体验。网页版“雨课堂”界面如图 1–18 所示。此外，中国大学 MOOC 平台联合了众多知名高校与教育机构推出的精品课程，开设了“SPOC 专区”，以在线的形式对教师的课堂教学进行优化，学习者可根据课程进度自由地安排学习时间，这不仅给予学生个性化、自由化的学习体验，而且大大促进了我国教学资源的数字化发展。

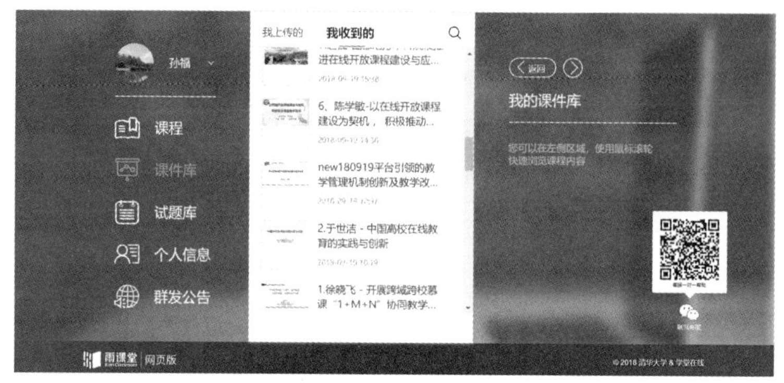

图 1–18 网页版“雨课堂”界面：https://www.yuketang.cn/

未来我国 SPOC 将会朝着混合化、个性化、完整化的教学方向发展。SPOC 与传统课堂教学相比，将会继续混合多种教学设备、多种教学方法、多种学习策略和评价方法、同步学习与异步学习等多个方面进行教学与学习，具备更为明显的优势。SPOC 的不断应用将会推动学习者培养朝个性化方向发展。SPOC 强调个性化教育，学习者可以根据自身的兴趣爱好选择课程，自主进行学习管理与个性化的学习评价等。SPOC 教学在线评价的可操作性及针对性的优点弥补了 MOOC 的不足，能够很好地突破当前 MOOC 所面临的困境，吸引广大教育者的眼球，促进现代教育体系改革的发展进程，成为在线开放课程中一股不容忽视的力量。

SPOC 在实际应用中也有一些需要研究和解决的现实问题。混合式教学的开展离不开丰富的学习资源，教师不能单单局限于现有的网络教学视频，还需要针对教学需要自行制作课堂视频。此外，为了更好地取得混合式教学的效果，还需要教师对教学活动进行详细设计，包括制定并完善课程实施程序、筛选或制作出高质量的教学资源。只有满足了具体的、可实施的教学计划才能更好地开展 SPOC 课程教学，以解决学习者的学习需求问题，但这需要教师在开设 SPOC 课程前投入更多的时间与精力去完成课程构想与设计；SPOC 教学模式对学习者的主动学习能力有较高要求，学习者在进行线下学习的过程中，能否自觉地观看教学视频、完成学习任务也是一个值得注意并反思的问题。随着混合式教学模式在教学领域不断渗透与应用，SPOC 教学模式将会不断克服自身的缺陷，以获得更好的教学效果。

1.3.3　在线开放课程的发展方向

1. 在线开放课程应用和发展过程中存在的问题与不足

在“互联网+教育”理念的指引下，在线开放课程应用效果大大提升，发展极其迅猛。但在应用和发展过程中也暴露出一些问题，主要表现在以下方面。

一是现有在线开放课程实用性不强、缺少专业支撑。从现有网络在线开放课程的开发情况看，特别是部分专业制作课程的机构，往往与个别主讲教师合作开发某类或某门课程，不能吸纳更多高校教师参与到需求调查与分析当中，也很少邀请更多高校的同行专业教师参与到制作课程当中，导致很多课程适用性不强，很难满足大多数学习者的需求。另外，在线开放课程都是基于在线学习平台推出和管理的，平台基本包括教学模块、互动模块、资源模块等模块，与教师进行异步双向交流阶段，其实用性还需要进一步提高。

二是课程资源形式单一。在线开放课程的教学资源，主要以课程视频文件为主，学习者都是被动地观看学习，实际操作过程很少，师生互动交流少。目前，大多数在线开放课程的教学资源以视频形式为主，学习资料多数是文本格式，多是以静态形式展现，更新资源速度缓慢，往往几个月都维持原状。这样的学习模式已经不能满足现今学习者学习的需求，一定程度上影响学习者学习的主动性和枳极性。

三是资源建设缺少统筹规划、共享性差。教育部正在着力推动精品在线开放课程的建设，提高在线开放课程水平，进一步加大现代开放网络教育改革力度，并促进优质网络教学资源整合和共享。从现有在线开放课程的建设来看，并没有达到预期的教学效果，在技术条件方面，精品课程的开发缺少统一的技术规范、标准和有效的共享平台；从管理机制来看，没有法律法规统一约束，缺少各高校之间的互动交流；从经济效益来看，前期投入的成本不少，但后期的使用效果不是很理想。

四是课程评价体系不健全。授课教师对于学习者网上学习过程的监管总体上比较及时，并根据学习者的学习成果（作业完成情况和过程考试成绩）给出评价，但关于学习者对网上授课内容和教学资源的查阅是否满意，使用情况的评价不能被及时收集，任课教师不能掌握学习者对教材的使用情况，网络在线开放课程的设计是否合理反馈不及时，对于在线平台的后期更新也有一定的影响。在线开放课程从设计、开发到使用应更多地考虑到形式多样化的师生互动，以拉近师生之间的距离，并营造良好的学习氛围，激发学习者的积极性和产生班级的归属感。

五是后期对网络在线开放课程的管理不到位，缺少有效的维护。在线开放课程因前期建设投入较大，初期提供的课程资源相对比较丰富，但后期对网络资源的管理明显不够。网上教学资源有一部分资源不能访问，形同虚设，有些教学内容已过时或不适用，但也不能做到及时替换或更新，网络资源后期维护不够，只重前期建设而忽视应用管理。在这一过程中，也看出在线开放课程前期的开发和后期的运用维护脱节，进而影响了网上在线开放课程的可持续建设。从对现有主流平台上的在线开放课程调查来看，有的课程辅助资源近 3 年未做任何更新，有的课程教学服务不及时，甚至有的课程主讲教师几个月都未回帖与学习者互动交流。

2. 在线开放课程的未来发展方向

基于在线开放课程应用和发展过程中的现实矛盾与问题，应重点从以下四个方面入手，推动在线开放课程的创新与发展。

一是创设以网络学习空间为中心的学习环境。面授课程是以课堂教学的形式呈现，基于网络的在线学习不同于传统的课堂教学，不能墨守成规，照搬传统课堂的教学模式。由于在线平台是以万维网的技术和方法来支撑，虽然没有教师的现场辅导，教学过程没有直观展现，但是学习者并不受时间和空间的限制，学习环境和学习活动的设计显得非常灵活。以课堂教学为基础的课程将转换为以课程学习环境和师生网上互动为基础的授课模式。所以，在线开放课程的设计和制作，应结合 Web 的具体特点，没有时间和空间的限制。在线开放课程平台应依据教学内容的特色，整合和优化教学内容搭建，以在线自主学习为主，观看在线视频，为学习者提供课程的学习指南、教学大纲、教学实施方案及学习任务安排等内容，并给出配套练习题和测试题，把测试成绩反馈给授课教师，实现异步教学互动。

二是发展“平台+教育”的服务模式。在线学习平台，为学习者提供了一个模拟空间的学习环境，也为学习者自主学习提供了一个有效依托。学习平台的开发离不开新理论的提出和新技术的成熟。近些年，移动互联网、大数据、深度学习等新理论相继推出，相关技术在教育领域也得到了有效的应用。自主学习是开放教育的大方向，自主学习平台为学习者提供了学习区、讨论答疑区、练习题、资源下载等模块，每个模块都应该有课程配套教学资源，并满足学习者学习个性化知识的需求。教师要根据学习者自主学习进展情况，适当给出指导和点拨，帮助学习者解决在学习过程中遇到的各种问题，保证学习者在线学习顺利进行。

三是促进在线开放课程资源的共建与共享。发挥网络远程教育的优势和共享优质教学资源是开展开放教育改革的重要方向。在线开放课程的共享建设是一个长期规划的总体大工程，需由教育部门统一部署规划，指定几所高校共同完成规划课程，这是在线开放课程资源共享的重要基础。之后应结合不同课程的自身教学特点，给出总体设计方案，分阶段进行研发，统一教学在线平台或统一平台接口规范，统一进行测试和验收，给出合理整改方案，最后再推广给高校使用。

四是推动基于移动终端的学习。随着 5G 无线通信技术的推广运用，利用无线通信技术高速传输视频、音频和图形图像等多媒体信息变得更快、更便捷，移动学习应用更加广泛。目前，由于电子产品的处理能力的提升和功能的改进，多种移动终端完全能满足移动学习者的需求，在线开放课程 App（应用程序）软件的开发也日渐趋于多元化。目前，已有很多机构在进行移动学习软件的研究和开发，虽然尚有很多局限和不足，但在政府的支持和高校的配合下，我国移动学习必将给教育领域带来新的变革和新的活力。

参考文献

[1] 朱小檬，吴玉红. 幕课视域下高校德育教学创新探析 [J]. 理论观察，2015（3）：132-134.

[2] 陈廷柱，齐明明. 开放教育资源运动：高等教育的变革与挑战 [J]. 清华大学教育研究，2014（10）：109-117.

[3] 王瑜，周雨青. MOOC 不是新生事物 却有新生的力量 兼谈对 MOOC 的几点思考（上）[J]. 大学物理，2015，34（9）：48-51.

[4] 张毅. 在线开放课程混合式教学模式探讨 [J]. 南方农机，2019，8（下）：32-33.

[5] 武法提. 网络课程设计与开发 [M]. 北京：高等教育出版社，2007.

[6] 丁兴富. 远程教育学 [M]. 北京：北京师范大学出版社，2009.

[7] 陈静，杜婧. 在线课程的进化特征及主流模式分析 [J]. 现代教育技术，2017（3）：112-118.

[8] 胡铁生，黄明燕，李民. 我国微课发展的三个阶段及其启示 [J]. 远程教育杂志，2013（4）：36-42.

[9] 祝智庭，刘名卓. “后 MOOC” 时期的在线学习新样式 [J]. 开放教育研究，2014（3）：36-43.

[10] 刘维，蔡建东，张守宇. 国外大规模开放在线课程现状、问题与趋势 [J]. 数字教育，2015（2）：83-90.

[11] 王颖，张金磊，张宝辉. 大规模网络开放课程（MOOC）典型项目特征分析及启示 [J]. 远程教育杂志，2013（4）：67-75.

[12] 王友富. 从 “3 号文件” 看我国在线开放课程发展趋势 [J]. 中国大学教学，2015（7）：56-59.

[13] 杨志坚. 世界 MOOC 发展概况 [J]. 中国电力教育，2014（8）：14-15.

[14] 李伯平，李艺殊. 超级开放在线课程：机遇和挑战 [J]. 开放教育研究，2016，22（5）：46-53.

[15] 教育部. 2015 年全国教育事业发展统计公报 [EB/OL]. [2016-08-27]. http://www.moe.gov.cn/srcsite/A03/s180/moe_633/201607/t20160706_270976.html.

[16] 教育部. 教育部办公厅关于印发《精品资源共享课建设工作实施办法》的通知 [EB/OL]. [2016-08-15]. http://www.moe.edu.cn/publicfiles/business/htmlfiles/moe/s3843/201206/137250.html.

[17] 教育部. 国家级精品资源共享课建设技术要求 [EB/OL]. [2016-08-15]. http://www.moe.edu.cn/publicfiles/business/htmlfiles/moe/s6288/201206/137333.html.

[18] 教育部. 教育部办公厅关于公布第一批"国家级精品资源共享课"名单的通知 [EB/OL]. [2016-08-27]. http://www.moe.edu.cn/srcsite/A08/s5664/s7209/s6872/201607/t20160715_271959.html.

[19] 教育部. 教育部关于加强高等学校在线开放课程建设应用与管理的意见 [EB/OL]. [2016-06-11]. http://www.gov.cn/xinwen/2015-04/28/content_2854088.htm.

[20] 全国高等学校教学研究中心. 中国大学 MOOC 建设与应用情况介绍 [EB/OL]. [2016-08-27]. http://wenku.baidu.com/link?url=5N9MQTYbnLiBLsq1fVJxRC3p0qVjJN1z0Pdv6IKMG3ipBUUTNbzPSioccdd_cAijONwzF0KtJAMeAbiDNWYC_pp2vjeso NuuH4e0d8vyK.

[21] 袁莺楹. 谈大规模在线开放课程的发展与启示 [J]. 辽宁师专学报（社会科学版），2016（5）：65-66，93.

[22] 刘斌，张文兰，江毓君. 在线课程学习体验：内涵、发展及影响因素 [J]. 电化教育研究，2016（10）：90-96.

[23] 周佩. SPOC 的本土化探索及启示 [J]. 教育与教学研究，2016，30（5）：108-112.

[24] 王莎莎，张进. 我国高等教育在线课程的发展研究 [J]. 科技创新导报，2017（30）：243-244.

[25] 胡小勇，伍文臣，饶敏. 面向私播课的混合学习设计与实证研究 [J]. 电

化教育研究，2017（8）：70－77.

［26］王晓跃，习海旭，柳益君，等．基于 SPOC 混合式学习模式的学习支持服务构建研究［J］．电化教育研究，2019（3）：48－53，117.

［27］杨丽，张立国．SPOC 在传统高校教学中的应用模式研究［J］．现代教育技术，2016（5）：56－62.

［28］高地．MOOC 热的冷思考——国际上对 MOOCs 课程教学六大问题的审思［J］．远程教育杂志，2014（2）：39－47.

［29］李炜娟，赵霞．SPOC 在现代教学中的发展趋势研究［J］．企业科技与发展，2019（1）：109－111.

［30］王萍．大规模在线开放课程的新发展与应用：从 c MOOC 到 x MOOC［J］．现代远程教育研究，2013（3）：13－19.

［31］DEVLIN K. The MOOC will soon die, long live the MOOR［EB/OL］．［2014－04－17］．http://mooctalk.org/2013/06/.

［32］杨竹筠，邓奇．MOOC 等在线教育模式初探［J］．科技与出版，2014（2）：9－12.

［33］康叶钦．在线教育的“后 MOOC 时代”SPOC 解析［J］．清华大学教育研究，2014（1）：85－93.

［34］贺斌，曹阳．SPOC：基于 MOOC 的教学流程创新［J］．中国电化教育，2015（3）：22－29.

［35］刘名卓，祝智庭．MOOCs 教学设计样式研究［J］．中国电化教育，2014（7）：19－24.

［36］秦晓惠，张敬源．慕课发展十周年综述［J］．高等理科教育，2018（6）：12－18，72.

［37］罗兰花，任子亭，张红军．MOOC 趋势分析与基于 SPOC 的高校教学推进策略研究［J］．计算机教育，2016（2）：154－158.

［38］BROWN M. Moving into the post-MOOC era［EB/OL］．［2014－04－17］．http://www.educause.edu/blogs/mbbrown/moving-post-mooc-era.

［39］COUGHLAN S. Harvard plans to boldly go with ‘Spocs’［EB/OL］．［2014－

04－07]. http://www.bbc.com/news/business-24166247.

[40] DAVIDSON C. An experimental "Meta-MOOC" shaping the future of higher education [EB/OL]. [2014－03－01]. http://cit.duke.edu/blog/2014/03/cathy-Davidsons-experimental-mooc-ends/.

[41] DOCC 2013: dialogues on feminism and technology [EB/OL]. [2014－04－17]. http://femtechnet.newschool.edu/docc2013/.

[42] GILLET D. MOOLs: Maghrebi Open Online Labs[EB/OL]. [2014－04－17]. http://react.epfl.ch/page-55862-en.html.

[43] LUE R. From MOOCs to SPOCs[J]. Communications of the ACM, 2013 (12): 38－40.

[44] Rebeccakahn. Deeper learning massive open online course (DLMOOC) opens for enrollment [EB/OL]. [2014－04－17]. http://info.p2pu.Org/2013/12/18/deeper-learning-massive-open-online-course-dlmooc-opens-for-enrollment/.

[45] WAARD I, KOUTROPOULOS A. Exploring the MOOC format as a pedagogical approach for mLearning [C] //10th World Conference on Mobile and Contextual Learning, Beijing, China, 18－21 October, 2011.

[46] ZHU A. Massive open online courses a threat or opportunity to universities? [EB/OL]. [2014－04－17]. http://www.forbes.com/sites/sap/2012/09/06/massive-open-online-course-a-threat-or-opportunity-to-universities/.

[47] 王晓彤，解继丽. 从 OER 到 MOOC：单纯的资源到以人为本课堂的转变[J]. 楚雄师范学院学报，2013（11）：83－87.

[48] 王文礼. MOOC 的发展及其对高等教育的影响 [J]. 江苏高教，2013（2）：53－57.

第 2 章

在线开放课程学习需求

需求分析就像是做产品中的定位环节，是后续环节的基础，也是执行过程中的灯塔。复旦大学蔡基刚教授曾指出，课程设计必须基于需求分析，需求分析是学校制定教学大纲、进行课程设置的依据。在写课程框架之前得进行一次学习需求调查，教师需要获得关于学生更详细、更具体的信息，以便选择将要输入的标准和选择并准备所要开展的课堂活动。我们研究在线开放课程设计与开发有关问题时，应先从学习需求及其分析研究入手。

2.1 学习需求

2.1.1 需求与需求层次理论

需求的释义是需要、要求、索取、求索，是因需要而产生的要求、追求。需要与需求是有区别的。心理学上讲，需要是人在实践活动过程中感到某种缺失或不平衡而力求获得满足的心理状态，而需求指个人、社会或其他方面“指望得到的东西和现存状况之间的距离”。需求比需要更上一个层次。亚伯拉罕·马斯洛于 1943 年提出了马斯洛需求层次理论，其基本内容是将人的需求从低到高依次分为生理需求、安全需求、社交需求、尊重需求和自我实现需求。在马斯洛需求层次理论中，自我实现需求也就是最高层次的需求——实现个人理想、抱负，发挥个人的能力到最大限度，达到自我实现境界，解决问题能力增强，自觉性提高，善于独立处事，要求不受打扰地独处，完成与自己的能力相称的一切事情的需要。马斯洛提出，人的需求有一个从低级向高级发展的过程，这在某种程度上符合人类需求发展的一般规律，并指出人在每一个时期都有一种需求占主导地位，而其他需求处于从属地位。需求层次理论强调人的动机是由人的需求决定的，具有自我中心的倾向。

2.1.2 学习需求与“以学习者为中心”的需求理念

有学者认为学习需求是学习者在学习活动中感到学习上的缺失或不平衡而力求获得满足的心理状态，并给出了学习需求分析定义，即以学习者为对象，用科学的方法收集信息，了解学习者在学习上的缺失或不平衡，并寻求满足学习者学习需求的对策的过程。这是在诸多有关学习需求的研究中，大多数人比较认可的界定。

学习需求源于学习动机。美国著名的教育心理学家戴维·保罗·奥苏贝尔（David Pawl Ausubel）认为，学习动机是由认知内驱力、自我提高内驱力和附属内驱力组成，并且认知内驱力是成就动机三个组成部分中最为重要、最稳定的因素。认知内驱力是指学习者渴望认知、理解和掌握知识以及愿意解决问题的倾向，可以理解为追求知识的渴望与目标要求，它直接指向知识内容本身，并以获得知识和理解事物为满足。由此可以引申出对学习动机的认识和理解：在认知内驱力主导下，与自我提高内驱力和附属内驱力共同发挥作用，引发与维持人的学习行为，并使之指向一定学业目标的一种动力倾向，是直接推动人们进行学习的一种内部动力，是激励和指引人们进行学习的一种需要。也有研究将学习动机分为学习的内驱动力与外驱动力，也就是我们常说的内因与外因。

研究学习需求，应坚持“以学习者为中心”的教育理念。这种理念是以学习者为主体，认为学习者才是学习的主动建构者，要求学习者主动学习，承担更多的学习责任，对自己的学习成果、成绩负责，但在完成学习的方式、途径、时间和最终成果形式等方面有一定的自由度；教师是课程内容和资源的提供者，应结合学习内容、目标等明确各阶段的任务，制定相应考核机制，同时为学习者提供自主学习的相应的资源（场地、设备等）。教师的作用是引导进程，而不是领导进程的发展；是监控质量，而不是干涉过程；要把教学关注的重点放在学习者的学习行为上，关注学习情况和学习效果。

马斯洛的需求层次理论说明人在不同阶段会产生不同的需求，只有最迫切的需求才是激励人行动的主要原因和动力。因此，只有在这种需求的激励下，学习者才能主动学习，取得好的学习效果。“以学习者为中心”的教育理念要求以学习者为主体，把学习者的需求和兴趣结合起来，才能发挥学习者的积极性。两者都要求从学习者的需求出发，为学习者提供能实现这种需求的条件。

人所处的环境条件不同，个人的需求有所不同，个人在不同历史时期的需求也有所不同。在开发在线开放课程之前，最重要的基础性工作就是认真调查并深入分析不同类别、不同层次、不同岗位、不同时期的人们的学习需求，为确立课程定位和目标提供依据。

2.2　学习需求分析的内容、方法与步骤

学习需求分析是以学习者为对象，用科学的方法收集信息，了解其在学习上的缺失或不平衡，并寻求满足其学习需求的对策的过程。学习需求分析是学校课程开发中一个不可或缺的重要环节，也是课程开发的重要依据。学习需求分析应该分析什么、如何进行分析、分析结果如何运用等问题至关重要。就在线开放课程而言，学习需求分析应围绕在线开放课程开发目标，以学习者学习中的问题为中心，以课程潜在的服务对象和传统课堂的教学对象为样本，采取科学的方法收集信息资料并进行正确的分析、运用，将分析结果作为在线开放课程开发的重要依据和参考，而不应仅仅凭借教师的经验做出相关的判断。

2.2.1　学习需求分析的内容

对于不同的教学项目，需求可能不同，但需求分析的步骤都是必不可少的，在开始组织课程教学资源之前，应先了解至少包括以下这些内容。

——你期望获得的结果。

——你希望学习者学到的具体内容。

——学习效果判定标准。

——学习如何支持到最终实践。

——谁会从这次学习中受益。

学习需求分析的主要目的，是为课程开发提供依据。为达此目的，应以学习者学习中的问题为中心进行学习需求分析。

第一，应了解学习者的学习背景，调查分析学习者的生活环境、人际关系等对学习者的影响，据此设计问卷问题或座谈提纲。第二，应了解学习者对学习内容的认识和想法，方能清楚学习者在学习上有哪些缺失或不平衡，进而使所选择的内容符合学习者的学习需求，提高课程的针对性。第三，学习方式方法对学习效果会产生直接的作用和影响，对学习方式方法调查分析非常必要，可以掌握学习者对学习方式方法的认识和理解，摸清学习者对教师的教学风格、特点、方法的期望，以及对学习者本身学习方式方法改进意愿等，以利于在课程设计开发和教学活动安排中引起足够的重视。第四，应了解和掌握学习者学习知识过程中将要或可能会遇到的困难，以及他们在学习过程中有可能会产生的心理障碍等，有利于课程设计开发前就未雨绸缪，做到对症下药。第五，调查了解学习者对学校、教师、教材、学习内容、课堂、课程资源、学习环境等方面的期望。这样，可以在课程设计与开发时，高度关注学习者的学习愿望，真正把“以学习者为中心”的教育理念贯彻执行好。

学习需求收集阶段，需要学习者使用一个极为简单的句式来确定他的核心需求，以利于课程团队明确课程定位，即课程将帮助谁解决什么问题。有时候面面俱到，则面面都薄；确定取舍，才能一击即中。在这个过程中，最重要的，是去洞察“问题背后的问题”。

2.2.2 学习需求分析的方法

在课程设计开发过程中，对学习者学习需求分析使用比较多的方法有问卷调查法和座谈与访谈方法，原因在于这两种方法得到的结果比较直观而且容易分析。就在线开放课程设计与开发而言，还有很多不容忽视的分析方法可用于收集、分析信息和数据，如表现评价法、观察法、考核法、研讨法、文献分析法等都有其独特的作用。各种分析方法对比分析详见表 2–1。在分析过程中综合运用各种方法，是全面收集信息的重要途径和技术手段，具体操作过程中应根据需要进行选择和组合运用。无论采用哪种分析方法或方法组合，都应合理确定样本范围，如面向全校学生开发的课程，样本范围应是本校学生或有代表性的学生。在关注整体学生学习需求的同时，还应关注学习需求的个体差异，在收集分析数据的过程中，注意分析学生需求的个体差异，特别要注意学习困难学生反馈的信息。学习需求分析应贯串于课程开发整个过程，学习需求在实践活动中会不断发展变化，学习需求分析也应做到动态更新，在课程开发过程中的不同阶段，不断地、有针对性地进行学习需求分析，以便及时发现学生学习需求的新变化和新问题，适时进行修正和补充，以利于更好地检验课程开发的实施效果。

表 2–1　学习需求分析方法比较

方法	方法描述	优点	缺点
问卷调查法	以调查或问卷的形式对选定的对象进行调查。可以使用开放式、封闭式，或排序、选择等多种问题形式	短时间内就可得到大量数据。费用较少。参与者在参与过程中不必担心可能出现某些尴尬局面。数据分析、处理较容易	没有给参与者自由反应的机会。设计有效的调查问卷较难，且需花费大量时间。难以有效地找到问题及其原因
访谈式法	可以是正式的或非正式的，结构式的或非结构式的。可以是面对面的交流，也可以通过电话进行访谈	容易观察到被访者的态度和自然反应。有助于找到问题的原因及可能的解决办法。能及时得到反馈，获得的数据较充足	比较耗时。结果不易分析或量化。需要访谈人员有较高的访谈技术，在不使被访者紧张或产生怀疑的情形下收集大量数据
表现评价法	可通过系统的过程或在非正式条件下进行。可由领导者、教师操作。评价可在常规基础上进行，要求与道德评定相脱离	指出了行为、技能上的优势和弱势，为道德培养提供了参考数据	开发评价系统、实施评价及数据处理的花费较高。可能因评价者的偏见导致评价失真
观察法	可以是技术性的或功能性的。能够得到数据或文字结果。可以是非结构性的	将日常工作或集体活动的影响降到最低。获得的是真实生活中的数据	对观察者素质要求较高。要求收集生活现场的数据。可能导致被观察者产生被监视的感觉

续表

方法	方法描述	优点	缺点
考核法	直接指向调查对象。可以是开放式的或封闭式的	有助于找出被考者在情感、态度、知识、技能方面的不足。易量化或进行比较	效度并不高。无法指出所测试的知识或技能就是所需要的内容
研讨法	正式的或非正式的。被广泛使用。可将焦点集中在一些特殊的问题、目标、任务或项目上	促进不同观点之间的交流。促使集体成员成为更好的倾听者、分析者和问题解决者	比较耗时。得到的数据较难量化
文献分析法	大量的图表、文献、官方文件等，也包括成员记录、会议记录和一些相关报告	为寻找问题提供线索。提供了客观的证据和结果。资料较易收集、总结	难以直接表明问题的原因和解决方法。大多是过去的而不是当前的数据。必须有熟练的数据分析者进行解释

2.2.3 学习需求分析的步骤

教师经验是分析、判断学习者学习需求的一个不可缺少的依据，但是，如果仅凭教师经验来断定学习者的学习需求，则容易造成分析结论片面甚至失真。因此，应以规范的步骤保证学习者学习需求分析的客观性。学习需求分析过程可分四个步骤。第一步，制订学习需求分析方案，内容主要包括学习需求分析的目的、对象、方法、策略等。第二步，依据方案确定的样本范围及大小，采用适合的方法或组合方法与策略，抽样收集相关信息和数据。第三步，对收集到的信息和数据进行分类统计，数据较多且复杂时，可建立数据分析模型或使用计算机软件进行分析，找准学习者的学习需求及问题所在，并通过分析反馈信息找到产生问题的原因。第四步，撰写学习需求分析报告，可简要概括分析的目的、参与者、方法和整个过程，清晰描述出分析的结果，根据结果和数据提出解决问题的措施或建议。

2.3 在线开放课程学习需求类型

基于网络平台向学习者在线提供教学服务的在线开放课程，除了能够满足学校的线上线下混合式教学、翻转课堂教学、学生自主学习等学习需求外，也适合各类培训机构的职业培训和社会人员自主性碎片化的学习。学校的在线开放课程的学习需求，主要还是学生本着为完成学业要求的目的，当然也有基于个人兴趣爱好或某一方面成长的需要，而选择相应的在线开放课程。在此重点探讨的是社会人员的在线开放课程学习需求的类型，也兼顾在校学生的学习需求。

2.3.1　基于履职能力提升的在线开放课程学习需求

虽然不同的工作可能会有不同的需求，但一些基本的素质和能力要求是普遍的：具有一定的分析问题和解决问题的专业技术能力、沟通能力、团队协作能力等，如从事技术工作的人员，对工具和技能要求方面的学习需求。基于履职能力方面的在线开放课程学习需求，主要是在认知内驱力和自我提高内驱力的作用下，学习者通过学习专业能力类岗位培训在线开放课程，能够积累学科类综合知识、提高专业能力和工程实践能力，进而提升自身的履职能力，胜任岗位工作。

2.3.2　基于知识拓展更新的在线开放课程学习需求

这种课程，一般是基于学习者的学习动机和兴趣爱好，是对丰富个人的实用性知识、提升个人的理论素养的渴望。这类需求主要是在认知内驱力的作用下，学习者通过学习相关在线开放课程，使个人在知识、视野、认知等方面得到收获，促进其成长和进步，如兵器知识科普类、演讲类、诗词鉴赏类等在线开放课程，也可能是学习者关注的某些专业领域发展前沿介绍等知识类在线开放课程。

2.3.3　基于职业发展需要的在线开放课程学习需求

在职业发展需求上，一方面是学习者对个人学习目标实现的诉求，在认知内驱力、自我提高内驱力和附属内驱力的作用下，通过学习相关在线开放课程，能够获得职业能力的提升，更好地满足本职岗位需要，更加出色地完成各项工作，有利于促进个人成长进步和职业发展。另一方面，学习者在学习相关在线开放课程后，对组织有更高的忠诚度和理解度，能够在行动中将组织目标更深、更坚定地贯彻完成，更加服从组织管理，执行力显著提升，工作更加积极主动，有利于组织作用的发挥与功能的实现。例如政治理论、思想教育、企业文化或公益类在线开放课程就属于这类课程。另外，对个人学历提升的需求，通过学习预备课程，积累相关文化知识，获得准入机会，为进院校深造学习创造条件，或注册学习学历教育类在线开放课程，满足个人提升学历层次、获取文凭的需求。

参考文献

[1] 徐英俊．教学设计［M］．北京：教育科学出版社，2001．

[2] 徐玉珍．论国家课程的校本化实施［J］．教育研究，2008（2）：53-60．

[3] 吴非晓．论课前进行需求分析的必要性［J］．吉林教育科学，2001（2）：54-56．

[4] 余卫华．需求分析在外语教学中的作用［J］．外语与外语教学，2002（8）：20-23．

[5] 韦默．以学习者为中心的教学——给教学实践带来的五项变化［M］．洪岗，译．杭州：浙江大学出版社，2006．

[6] 田海燕．学校课程开发中的学生学习需求分析［J］．教学管理，2003（12）：21-23．

[7] 杨维琴．四级后学生英语需求及后续教学探讨［J］．中国成人教育，2009（4）：102-103．

[8] 覃建巧．学生需求——两大外语教学范式的平衡支点［J］．教学与管理，2007（12）：121-122．

[9] 赵庆红，雷蕾，张梅．学生英语学习需求视角下的大学英语教学［J］．外语界，2009（4）：14-22．

[10] 柳海瑛．基于“学生需求”的外语教师学习研究［J］．教师教育研究，2014（6）：1-7．

[11] 李默．围绕学生需要实现对学生的管理［J］．教育理论与实践，2005（8）：

6–7.

[12] 蒋艳，马武林. 新世纪大学英语课程设置研究（二）——学生需求分析[J]. 外语电化教学，2013（152）：64–75.

[13] 纪康丽，宋丽丽，崔荣佳，等. 根据学生需求设置大学英语阅读课程[J]. 清华大学教育研究，2002（S1）：41–46，70.

[14] 沈健美，林正范. 教师基于课程标准和学生需要的“教材二次开发”[J]. 课程·教材·教法，2012（9）：10–14.

[15] 刘涛. 基于学生需要的合作学习 [J]. 教育发展研究，2007（10）：39–42.

[16] 欧本谷. 学生学习需求评估研究 [J]. 重庆大学学报（社会科学版），2012（5）：159–162.

[17] 叶澜. 课堂教学过程再认识：功夫重在论外 [J]. 课程·教材·教法，2013（5）：11.

[18] 苏霍姆林斯基. 把整个心灵献给孩子 [M]. 唐其慈，毕淑芝，赵玮，译. 天津：天津人民出版社，1981.

[19] 王道富，蔡其勇. “国培计划” 教师培训 “知识—能力—实践—体验” 模式建构 [J]. 课程·教材·教法，2013（7）：117.

第 3 章

在线开放课程设计与开发

3.1 在线开放课程设计理念

课程设计是指按照育人的目的要求和课程内部各要素、各成分之间的必然联系而制定的学校的课程计划、课程标准和编制各类教材的过程，是课程建设系统工程的一个组成部分。课程设计有三个层面：一是宏观层面的课程设计，即课程计划的制订；二是中观层面的课程设计，即课程标准、教材的编制；三是微观层面的课程设计，即教学方案的设计。本书所称的在线开放课程设计，倾向于第三种微观层面的课程设计。但对宏观层面和中观层面的课程设计也有所涉及。

设计理念是课程设计的灵魂。设计在线开放课程时，遵循教育教学规律，既要体现现代教育思想、坚持立德树人、注重课程思治，又应符合在线开放课程开放性、共享性、协作性、交互性、突破知识学习和知识传播的时空限制的特点，以及学习者可以自主选择课程教学内容、个人学习时间、具体学习地点的实现情况。

3.1.1 贯彻“以学习者为中心”的课程建设宗旨

“以学习者为中心”（students－centered，SC）的理念，注重结合学习者在线学习认知规律和在线开放课程碎片化学习的特点，始终以学习者为中心，在课程的设计、开发、实施和评价上，始终把学习者放在主体地位上，从学习者的特点、需求出发，开发出针对性、实用性强的在线开放课程。

3.1.2 构建“成果导向教育”的课程开发模式

坚持“成果导向教育”（outcomes based education，OBE）的理念，高度关注学习者完成学业之后学到了什么、能够做什么等问题，对学习者的学习行为结果进行有效的测评，体现学习成果决定学习过程的思想，用测评得到的结果导向课程设置。围绕“确立预期学习成果—实现预期学习成果—评估学习已取得的成果”这一主线，优化课程团队结构，明确教学人员、管理保障人员、开发制作人员的分工和要求，组织课程资源、安排教学活动、选择开发工具、规范开发流程、确立课程考核方式、构建课程评价模式等。

3.1.3 建立“持续质量改进”的课程开发机制

坚持“持续质量改进”（continuous quality improvement，CQI）的理念，通过建立有效的质量监控和持续改进机制，加强课程开发全过程质量管理和监控，注重对教学效果的跟踪评价并开展教学研究工作。基于大数据信息采集分析，全程记录和跟踪教师的教学和学习者的学习过程、内容、反馈，全面跟踪和掌握每个学习者的个性特点、学习行为、学习预期成果。根据学习者或同行专家反馈的信息，结合学科发展情况和教学改革取得最新成果，持续改进课程设计方案、课程内容、教学方法、教学手段、评价方式等，不断提高课程质量和教学效果，更好地发挥其在人才培养中的作用。

3.1.4 营造“在线协作学习”的课程学习情境

坚持“在线协作学习”（online collaborative learning，OCL）的理念，主讲教师、助理教师或技术支持人员应注重协作学习环境的构建，在观点的产生、观点的组织、心智的交融的过程上，引导并帮助学习者开展讨论和协作学习，促进知识构建，实现知识增长、技能提高等目标；在协作形式的基础上，加强协作过程中教师干预措施的设计及实施，克服在线讨论偏离主题及过于表面的现象，使学习者实现真正意义上的心智交融。在线协作学习理念应用的典型模式就是 DOCC。

以上四种理念中，SC 是宗旨，OBE 是要求，CQI 是机制，OCL 是手段，开发在线开放课程时，应根据需要加以灵活运用。

3.2　在线开放课程设计内容与要求

课程设计是课程建设的重要基础，是影响课程开发质量的重要环节。在线开放课程是碎片化交互式的学习课程，视频内容短小且模块化，一般是按问题组织知识点或技能点，以知识点或技能点开展教学，并且按知识点或技能点配置教学资源、拍摄制作教学视频、确定媒体呈现方式、设计教学模式和方法等。在线开放课程设计过程中，应遵循教学的基本规律，结合在线开放课程教学的特点，围绕课程定位和人才培养目标展开。在学习需求分析的基础上，梳理课程构成要素，梳理和规划教学知识点或技能点，按章（篇）—节（章）—知识点或技能点的结构精心安排教学内容和教学活动，科学配置课程教学资源。教学内容和教学活动应涵盖课程相应领域的基本知识技能、典型案例、综合应用、前沿专题等。

3.2.1　在线开放课程构成要素

在线开放课程是碎片化交互式学习课程，视频内容短小且模块化，按问题组织知识点，以知识点开展教学。课程内容包含课程介绍、课程宣传片、教学视频、课间提问、教学资料（PPT 教案、参考资料等）、随堂测验、单元测验、单元作业、考试、在线讨论、实践教学（实验教学）、学科前沿等。

1. 课程介绍

课程介绍包括课程基本信息、课程简要描述、课程详细介绍、课程选修要求、课程教学安排、教材或参考文献目录、学习考核方式、课程评分规范等。

课程介绍包含的信息，采用文本格式，详见表 3－1。

表 3－1 课程介绍信息表

项目	内容描述
基本信息	内容要求、适用专业层次、教学团队等
课程简要描述	课程宣传口号，突出课程特色，字数不超过 100 字
课程详细介绍	用 200～500 字说明课程背景、教学目的、重要性、核心知识点或技能点、教学特点等
课程选修要求	说明学习者需要具备哪些知识基础
课程教学安排	以讲或周为单位给出讲或周的教学目标、教学内容和教学要求
教材或参考文献目录	列出课程主要教材和参考文献。 教材或参考文献的格式符合《中国数字图书馆标准与规范建设》（CDLS）相关要求。 对于网络资源，需标明资源内容和链接地址。 给出具体的文献资料，提供概要性解释说明
学习考核方式	单元测验和单元作业的个数，分值。 其他考核方式，如论坛讨论发帖数
课程评分规范	计算课程总分的方式以及通过课程的规范

2. 课程宣传片

课程宣传片是介绍课程特色、课程内容和课程要求的视频，目的在于激发学习者学习课程的兴趣，提高学习者对课程的重视与关注。宣传片时长一般控制在 2 分钟以内，采用 MP4 格式。

3. 教学视频

在线开放课程中的教学视频可用于讲解知识点、示范技能操作、介绍实验设备和环境、解读例题、分析案例、演示动画等。教学视频时长在 5～15 分钟为宜（尽量不超过 20 分钟），视频采用 H.264 编码方式，分辨率不低于 720 p（1 280×720，16:9）。

教学视频的拍摄形式应不拘一格。画面中如有教师出现，以中景和近景为主，画面效果要求人物和板书（资料）同样清晰，不倡导无教师形象的全程板书或 PPT 教案配音。视频采用 MP4 格式，单个视频文件小于 800 M，无任何影响观看的水印或标记。音频要求清晰，无交流声或其他杂音、噪声等缺陷。

教学视频可选择加片头和片尾，总时长宜控制在 10 秒以内。一个教学单元内如果有多个视频，最好仅在第一个视频加片头，在最后一个视频加片尾。

教学视频需配备单独制作的字幕文件，不应与视频合并，字幕文件为 srt 格式，字幕文件中使用符合国家规范（以国家语委 1986 年 10 月发布的《简化字总表》与国务院 2013 年 6 月 5 日发布的《通用规范汉字表》为准）的规范字，不出现繁体字、异体字、错别字。

4. 课间提问

时长超过 5 分钟的视频应插入课间提问；有条件的课程，建议每 5～6 分钟插入一次。课间提问以 1 道客观题为宜，题型可以是单选题、多选题、填空题、判断题。

5. 教学资料（PPT 教案、参考资料等）

教学资料可以是课程教学演示文稿或其他参考资料、文献等。演示文稿和其他格式文档需以 PDF 文档的格式上传；也可使用课程平台提供的文本编辑器在线编辑。教学资料应齐全，全部课程的教学内容均应有多媒体教学课件或教学软件，一般使用 PowerPoint、Flash、Authorware。根据教学内容性质，各章（篇）也均应有一定数量的图片、图形或动画。

6. 随堂测验

若某个教学单元有多个视频，视频间可以添加随堂测验，也可以为整个教学单元添加随堂测验。随堂测验不应设提交时间的限制，也不计入学习者的平时成绩，但可以方便学习者即学即练，也便于教师随时考查学习者对教学内容的理解和掌握程度。

随堂测验一般由客观题组成，课程平台自动判分；一份随堂测验可以由多种题型的客观题组成，题型可以是单选题、多选题、填空题或判断题，题目数量不限。

7. 单元测验

单元测验应设有提交截止时间，教师可选择计入平时成绩，发布前需确保题目和答案核查无误。

单元测验一般由客观题组成，平台自动判分，一份单元测验可以由多种题型的客观题组成，题型可以是单选题、多选题、填空题、判断题，题目数量不限。教师可以对单元测验设置管理策略，如学习者可以提交的次数、有效成绩取最后一次成绩还是最好成绩。由于填空题判分时有严格的字符比对规则，出答案为名词或数字的题目为宜。

8. 单元作业

单元作业应设有提交截止时间，教师可选择计入平时成绩，发布前需确保题目和答案核查无误。

单元作业以主观题为宜，采用学习者互评或教师批改的方式进行评判。单元作业包括作业要求、作业题目、分值和评分规范。作业要求应说明学习者要做什么，作业的批改方式以及相关建议。作业题目是指具体的作业要求。分值和评分规范是指评分的依据，包括得分项的描述和对应分值等若干项。

9. 考试

考试是对学习者课程阶段性或整体学习情况进行检测或考核，支持期中考试和期末考试，题目可以包括客观题和主观题，数量不限。考试题一经发布应不允许修改，发布前需确保考试内容核查无误。

考试题的形式与单元测验和单元作业一致，客观题由平台自动判分，主观题采用学习者互评或教师批改的方式进行判分。

10. 在线讨论

在线讨论是课程团队在教学单元中发起的讨论话题，也可以是学习者提出的问题。讨论问题应属于开放性问题，没有规范性答案。教师提出的问题表述应清晰严谨，每个模块至少提供 1 个讨论问题，以推动学习者对于所学内容的思考和交流。教师可选择将学习者发言情况计入其平时成绩。

11. 实践教学（实验教学）

实践类或实验类课程应以教学大纲为基础，提供与实践（实验）配套的指导材料和操作引导视频。

12. 学科前沿

向学习者推介需阅读的最新文献资料或介绍学科最新研究成果。

3.2.2　教学内容与资源

教学内容与资源是在线开放课程知识或技能的载体。根据预设教学目标、学科特点、学习者认知规律及教学方式，围绕学科核心概念及教学内容和资源间的关系，碎片化组织教学内容及资源、设置教学情境，基于知识点或技能点，准备课程资源与素材，创作课程脚本，拍摄制作教学视频。视频教学内容需要高度凝练，每个视频以 5～15 分钟为宜，针对各模块知识点或专题应设置内嵌测试的作业题或讨论题，以 2～3 个测试题（随堂测试题）为宜，以帮助学习者掌握学习内容或测试学习者学习效果。

课程资源应系统完整、丰富多样、交互支持，能应用于各教学与学习环节，能反映课程教学思想、教学内容、教学设计，展现课程团队教学风采。除教学视频外，应配套提供课程介绍、教学团队介绍、教学大纲、教学计划、试题库、教案、演示文稿、重点难点指导、作业、教材、参考资料、案例库、专题讲座库、素材资源库等资料。资源力求呈现有序，与知识点、技能点相匹配且对应清晰，能支持课程教学和学习的全过程。科学安排作业、测试、答疑、讨论、评价等互动教学活动，促进师生之间、学习者之间进行资源共享、问题交流和协作学习，增强教学吸引力。

在课程内容呈现上，合理使用文本、图形（图像）、音频、视频、动画和虚拟仿真等各类素材，充分发挥信息技术优化传统教学的优势。应按照资源的内容和性质，科学全面地标注资源属性，方便资源的检索和智能重组。资源的形式规格应遵循行业通行的网络教育技术标准。

3.2.3　课程教学模式与方法

遵循网络在线开放课程教学的基本规律，充分体现在线开放课程开发理念，构建在线学习与课堂教学相结合的线上线下混合式教学、翻转课堂等教学模式。综合运用多种方式、多种手段开展形式多样的教学活动，包括在线异步讨论、信息提醒、测验、答疑、作业、同伴互评、线上线下讨论、问卷、实时评论等。讨论是在线开放课程应用的重要环节。课程团队的教师应根据课程内容和学习者特点，预先设定好高质量的主题，灵活运用混合式、探究式、案例分析、分组讨论、角色扮演、启发引导等教学方法，带动学习者参与讨论与互动，充分调动学习者学习的积极性和主动性，发挥每个学习者的优势和潜能，提高教学效果。重视学习任务与活动设计，通过在线测试，即时网上辅导反馈，线上、线下讨论答疑，网上作业布置、提交和批改，网上社区讨论等，促进师生之间、学习者之间进行资源共享、问题交流和协作学习，加强师生的互动，增强教学吸引力，激发学习者学习兴趣。

3.2.4 多元化学习考核评价模式

关注课程学习效果评价环节，针对不同课程设计简单、有效的评价体系。在设置问卷与访谈调查的问题时，应高度关注学习者追求“简单”的心理预期，基于课程特色设计出有效的评价方法。构建科学的课程评价体系，推进评价主体多元化、评价内容多维化、评价方式多样化，做到既重视终结性的考试环节，也应注重学习过程评价，探索线上和线下融合评价、过程性评价与终结性评价相结合的多元化考核评价模式，促进学习者自主性学习、过程性学习和体验式学习。课程应有明确合理的考核评价策略，由课程负责人在开课前确定并向学习者公布，包括完成课程学习规定的单元测验、单元作业、讨论、考试等各项学习活动的数量、评分标准及各部分成绩构成比例。

3.2.5 课程团队支持与服务

课程建设负责人原则上应为具有丰富的教学经验、较高的学术造诣、师德师风良好的副高及以上职称的教师，近 3 年应主讲本课程 1 次以上，至少应承担本课程 25%的授课视频录制任务。课程团队教学人员均在教学一线长期承担本课程教学任务，除主讲教师外还应配备必要的助理教师和现代教育技术人员，能长期在线服务课程建设，承担课程内容更新、在线辅导、答疑等。主讲教师应深谙在线教学特点和规律，熟悉学习者在线学习认知规律，在整个教学过程中应把教学关注点放在学习者的学习行为上，关注学习情况和学习效果，引导教学进程，监控教学质量，提供教学内容和自主学习资源，明确考核机制等，而不是充当领导教学进程、干涉教学过程的角色。

3.2.6　信息安全及知识产权保障

应严格遵守国家网络与信息安全管理要求，依法依规开展教学活动，实施对课程内容、讨论内容、学习过程内容的有效监管，防范和及时制止网络有害信息的传播。重视版权和知识产权问题，构建课程内容所使用的图片、音视频等素材应注明出处。相关高校、课程建设团队均须签订平等互利的知识产权保障协议，明确各方权利和义务，切实保障各方权益。

3.2.7　教学效果与影响

坚持“持续质量改进”的教育观念，加强对学习过程、教学效果的跟踪调查与评价，全程记录和跟踪教师的教学与学习者的学习过程、内容及反馈，全面跟踪和掌握每个学习者的个性特点、学习行为，基于大数据技术采集分析学习者和同行专家的反馈信息与数据，持续改进课程方案、课程设计、课程内容及教师的教学方法与教学质量，促进在线开放课程建设和应用水平的提升。

3.2.8　媒体与内容有效结合

多媒体信息的呈现形式主要包括文本、图形、图像、视频、音频、动画等，在深入分析各类媒体信息特性的基础上，根据学习者学习特点、课程内容和课程目标，选择一种或多种媒体形式组合呈现课程内容与资源。选择适当的媒体形式的组合呈现课程内容，有利于学习者对知识的建构。应用文字和图形、图像等媒体形式组合来呈现课程内容，比只用文字媒体形式呈现课程内容更能有效地促进学习者的学习。通过文字、图片、图表、动画等结合呈现的课程内容，学习者才能将知识形成一个模块，并建立起一定的脉络关系，真正实现意义建构。认知负荷理论的通道效应认为，同时利用视觉和听觉两个通道呈现信息，其学习效果和学习满意度要好于利用视觉或听觉单一通道呈现。因此，在保证课程内容快速流畅呈现的基础上，尽可能同时采用视频、音频多种媒体形式呈现课程内容，但要尽量减少装饰性的冗余信息。设计优质的在线开放课程，应基于所要呈现的课程内容，选择适当的多种媒体形式，组合呈现课程内容，实现媒体与内容的有效结合。

3.2.9 降低学习者认知负荷

在线开放课程设计过程中，应注重媒体素材的合理使用，坚持“呈现形式服从于内容表达”在线开放课程设计思想，处理好媒体呈现形式与教学内容表达需求之间的关系。对于课程内容的呈现方式，应遵循认知负荷理论，降低学习者的内在认知负荷。内在认知负荷与学习内容要素交互的复杂程度有关，当学习内容要素之间的联系较复杂，而学习者又未掌握信息加工所需要的相关图式时，就会出现较高的内在认知负荷。在线开放课程设计可以从以下几个方面降低学习者的内在认知负荷。

1. 减少屏幕上无关信息

屏幕上的冗余信息会对在线学习者学习效果产生干扰。如为了吸引学习者的注意，在界面上加入过量的动画、图形、图像等，或者使用过多格式和颜色的字体、控件、图表、导航菜单，这些都容易对学习者的学习造成干扰。

2. 使用图表或概念图解释抽象的内容

概念图、图表可以用作一种学习的策略，以促进学习者有意义地学习、整合新旧知识及建构知识网络，从而使学习者整体上把握知识，还可以作为一种认知策略，提高学习者的自学能力、思维能力和自我反思能力。用概念图、图表展示复杂课程内容，使内容变得直观且易于理解。

3. 添加标注说明

将关键内容做标记并设置提醒，从而提高学习者的学习效率。学习者在认知不连续的文字材料、无标记的图表时，需在工作记忆中对文字材料或图表进行语义联想、联结，并进行猜测，这样会加重认知负荷。因此，将相关说明性文字放在图表的合适位置，可以帮助学习者理解图表内容，减少学习者对图表意义的不必要猜测，从而降低工作记忆的认知负荷。

4. 最小化且连续的课程结构

依据认知负荷理论，学习者对资源的认知有限。一旦信息过载，将影响学习者的意义建构。从神经生物学的角度来看，最小内容和频繁的重复可以促进学习者的知识构建。在线开放课程设计中，教师应遵循模块化原则，让学习者在短时间内提炼知识点、聚焦重要知识。换句话说，课程内容应该小而模块化呈现，每个模块通常只涉及一个知识点，讲解的时间可以在 5～15 分钟，但课程的知识点不能随意划分而影响课程的系统性。

3.3　在线开放课程开发

课程设计完成后，就进入开发环节。课程开发（curriculum development）是指通过需求分析确定课程目标，再根据这一目标选择某一个学科（或多个学科）的教学内容和相关教学活动进行计划、组织、实施、评价、修订，以最终达到课程目标的整个工作过程。课程开发包括课程目标、课程内容、课程实施和课程评价四个环节，而课程设计是对课程目标、课程内容的设计。如果把课程设计比作绘制大楼施工蓝图，课程开发就好比按照施工蓝图建造高楼大厦。课程设计与课程开发的对比分析，详见表 3–2。

表 3–2　课程设计与课程开发的对比分析

对比项目	课程设计	课程开发
课程目标	将绩效目标转化为行为目标的过程，重点在于设计课程目标，也就是说在课程之后，学习者应该有怎样的具体行为转变	课程开发是将行为目标转化为学习活动的过程，是按照课程设计说明及要求完成课程制作的过程
关注重点	关注的是学习者的学习注意力水平，外界刺激对学员注意力水平的影响并编排好教学顺序	关注的是学习者大脑对信息的建构，大脑对接受的信息加工处理的过程，强调的是如何构建知识
输出结果	以输出课程开发标准为核心，输出的课程小效果图+课程大纲	以输出授课标准为核心，输出的是完整的课程，包括课程的各个构成要素

续表

对比项目	课程设计	课程开发
典型任务	定义课程目标，选择课程教学内容、配套资源、教学方法和手段，基于学习的难度、知识的特点及学习者学习规律编排合理的教学顺序，然后基于学习者注意力曲线规律及课程设计原则排列教学顺序，最后绘制课程流程图并撰写教学大纲	开发教学事件、设计认知过程、开发课程学习材料、开发评价材料
占课程比重	课程设计是一个方向性的东西以及标准性的东西，它对整个教学质量的贡献约占 70%	课程开发是一个执行与实现的过程，它对学习结果的影响约 30%
所属学科领域	课程设计的核心学科领域是行为心理学	课程开发则更关注认知心理学

课程开发因其目的和诉求不同，主要分为两类：一类是以各大高校为代表的学院式课程开发体系，另一类是以各大中型企业为代表的实战课程开发体系。学院式课程开发体系的主要特点是教学知识系统、全面，教学内容讲究严谨、科学。企业实战课程开发体系的主要特点是教学知识的操作性和实用性强，教学内容与工作联系紧密。由于开发目的和诉求不同，课程开发技术与课程设计方法也不尽相同。学院式课程开发体系因其学术理论的科学性和严谨性，获得公认的课程设计理论是加涅①的课程设计方法。企业实战课程开发体系因其追求的针对性和实用性，目前比较成熟的课程开发技术包括美国的 Crisp（课里播）②课

① 加涅（1916—2002），美国教育心理学家，1916 年出生于美国马萨诸塞州北安多弗。其原是经过严格的行为主义心理学训练的心理学家。在其学术生涯的后期，他吸收了信息加工心理学的思想和建构主义认知学习心理学的思想，形成了有理论支持也有技术操作支持的学习理论。这一理论解释了大部分课堂学习，并提出了切实可行的教学操作步骤。加涅是信息加工学的代表人物，1974 年获桑代克教育心理学奖，1982 年又获美国心理学会颁发的“应用心理学奖”。

② 课里播是 Crisp 的中文译名，是美国 Crisp Learning Inc.的简称。美国 Crisp Learning Inc.成立于美国三藩市，发展至今天，它已经成为以胜任能力（competency-based）为核心价值的客户主张，是管理全球最多的企业大学的领导者，是国际“组织学习能力管理”系统的制定者，为企业、组织和个人提供具成本效益的学习方案，帮助企业通过学习去改进人力的素质与绩效，提高生产力、质量、服务、顾客的满意度与盈利能力。

程开发技术、一号标杆课程开发技术[①]等。

教育技术学研究视角中的课程开发理论，作为一种技术理论，其内容包括理念（教育观、课程观、学习观等）、方法技术（具体的课程开发技术，如需求分析技术、设计技术和评价技术）和技术组织（灵活、合理的技术过程步骤，如课程开发模式）三部分，其中方法技术是课程开发理论的核心内容。从这个角度进行分析，科学化课程开发理论的不足是其认为课程是达到特定目标的活动和经验的设定，尤其是采用的“目标细化”的设计、决策技术，即通过目标分解来获取内容而不是通过内容分析来确立目标、先决定课程模式再选择课程内容等的做法——这在很大程度上违背了从目标找手段、从内容找形式的实践逻辑。在线开放课程开发的重点在于探寻课程开发更合适的方法技术以及组织方法。探索的基本逻辑可以是：课程的基本单元是什么，基本单元的成分是什么，这些单元是通过怎样的方法技术构建起来并组织成课程的。这些方法技术及其组织被称为课程开发技术。

3.4　在线开放课程脚本

在线开放课程设计开发过程中，课程团队成员之间有效沟通是课程准确实现的保证。在线开放课程开发前期，总体设计、确定教学大纲、学习过程设计、素材准备等环节由掌握课程内容特点的课程教学团队完成，而多数课程教学团队不具备技术合成的能力，这部分工作应由专业技术人员完成。因此，课程教学团队和专业技术团队之间需要一个能准确表达的工具，这个工具就是在线开放课程脚本。“脚本”一词作为编剧术语，指戏剧表演、拍摄电影等所依据的工作底本。从教学设计的角度出发，结合在线开放课程的属性特征，编写具有可操作性的文字材料用以指导在线开放课程的开发和制作，这种文字性的材料就

---

① 一号标杆课程开发技术是一种企业内部标准化课程开发技术。技术内容涉及的相关领域包括心理学、成人教育、教学设计技术、管理学等，是目前最实用、快捷、有效的课程开发技术之一。该技术通过对企业骨干、内部讲师掌握的经验、技能和技术等核心知识的深度开发，能有效地挖掘出骨干的技术，并形成具有实用性和针对性的课程产品。该技术已获得国家知识产权局认证保护。

是在线开放课程脚本。在线开放课程具有课程框架完整性、学习过程交互性、呈现方式多种媒体集成性、课程内容易更新性等特点。课程的规划和构想、课程设计思想和教学环节设计理念通过脚本准确传达给技术合成人员，技术团队人员进行在线开放课程的合成时主要参照课程脚本，在线开放课程开发的意图和思想才能得到无误差的实现。脚本有助于开发团队理清思路、直观形象地展示设计意图，利于整个课程团队分工协作、提高开发效率。

脚本是教学团队和技术团队开发在线开放课程过程中的一种规范，明确在线开放课程制作的各个细节问题，避免或减少后期出现因不符合教学设计要求而不必要的返工现象。脚本又是对教学设计方案的细化再设计，使其更合理地安排资源。同时，脚本也是技术制作人员开发在线开放课程的依据。

从利于课程开发的角度出发，在线开放课程脚本可以划分为内容脚本和分镜头脚本。在线开放课程内容脚本主要体现课程定位与目标、课程设计思想、课程教学内容等，以及课程开发制作过程中相应的规范与要求，是在线开放课程教学内容与媒体呈现方式融合于一体的文字稿本。文字稿本一般应由熟谙教学方法、懂得教学规律，并有丰富教学经验的专业教师编写。因此，在线开放课程内容脚本，应以教学团队教师为主进行撰写，拍摄与制作技术人员参与并指导完成。在线开放课程分镜头脚本主要是在课程开发中的拍摄与制作环节使用的，应以拍摄与制作技术人员为主撰写，教学团队教师全程参与完成。

3.4.1 在线开放课程内容脚本

编写脚本是在线开放课程开发的重要环节，需要对内容的选择、结构布局、视听形象表现、人机界面形式、解说词的撰写、配音配乐等进行周密考虑和细致安排，并将其准确形象地表现出来，以达成和技术合成人员的无误差沟通。内容脚本不是课本或教案的简单复制，它不仅包含画面中所有媒体素材的布局、内容及呈现特征的设计，还需要对交互行为进行设计，描述学习者将要在计算机终端上看到的细节。内容脚本应按知识点进行划分和撰写。在线开放课程内容脚本示例见表 3–3。

表 3–3　在线开放课程内容脚本示例

知识点或技能点名称：　　　　主讲教师：×××　　　　拍摄时间：×××

序号	教学内容（知识点或技能点内容）	画面显示媒体顺序及位置	详细效果描述	配音解说词	所属章节及栏目	相关链接和热字	时长

序号：一般情况下，可以认为文字脚本是文字脚本卡片的有序集合，文字脚本卡片的序列安排是根据教学过程的先后顺序来决定的。我们可划分各阶段的序号范围并按先后顺序将文字脚本卡片序号排列出来。如果在讲授知识点的过程中配有相应的问题，那么可根据问题的设置加插相关的序号。

教学内容（知识点或技能点内容）：内容即某个知识点或构成某个知识点的知识元素的文字内容，也可以是与知识内容相关的问题。如果内容中的某一点需要建立链接，则要使用带下画线的格式（例如，链接），并在相关链接热字中标示链接到的内容。

画面显示媒体顺序及位置：由于在线开放课程通常要使用多媒体来表现教学内容，在讲解一个知识点的时候呈现给学习者的不仅是简单的文字，可能还包含图片、动画、声音等。因此，在脚本卡片上应说明这些媒体出现的顺序及其在画面上的位置。画面显示媒体顺序及位置主要是指每一个教学过程中，各种信息出现的前后次序（如先呈现文字后呈现图像、先呈现图像后呈现文字或者是图像和文字同时呈现等）和信息出现的位置。

详细效果描述：针对教学过程中多媒体的运用，有些复杂的效果无法使用“画面显示媒体顺序及位置”来描述清楚。因此，可以在这一项对详细的效果进行说明。例如，教学中使用到一段动画内容，对于动画场景的设计就可以在这里进行描述。

配音解说词：配音素材的详细文字内容，如果需要对某些内容加入配音，则需要写出详细的解说词。

所属章节及栏目：为了让制作人员了解一个知识点或一个教学内容的从属

关系，需要在此处标明所属章节及栏目。

相关链接和热字：对内容中的相关链接和热字进行说明。

时长：指该编号的教学内容拍摄计划时长。

3.4.2 在线开放课程分镜头脚本

1. 在线开放课程分镜头脚本内容

分镜头脚本又称摄制工作台本，是在文字文本的基础上，经过巧妙构思和独特的艺术设计，从而将死板的文字转换为灵动的立体视听影像的中间媒介。其主要任务是根据解说词和在线开放课程内容脚本来设计相应画面，配置音乐音响，把握视频的节奏和风格等。分镜头脚本既是前期拍摄的脚本，又是后期制作的依据。因此，分镜头脚本应以细节为主，不能过于笼统，应把讲稿中的每段话进行拆分，并写成一个个分镜头，镜头无论多少，情节一定要细。而且每一个镜头，都应给出需要拍摄的场景，即使是片头，也应写出拍摄的具体时间，精确到秒。在写每一个镜头时，应明确安排此镜头的目的以及后期编辑加工的要求。分镜头脚本撰写的关键是如何分解分镜头。

就在线开放课程而言，不用像影视分镜头脚本要分别创作文本分镜头脚本、画面分镜头脚本和色彩分镜头脚本，只需依据内容脚本和讲稿编写文本形式的分镜头脚本即可。在线开放课程分镜头脚本示例见表 3－4。

表 3－4 在线开放课程分镜头脚本示例

知识点或技能点： 教师是否出镜： 主讲教师：××× 拍摄时间：×××

镜号	机号	景别	技巧	时间	画面内容	解说（讲稿内容）	音响	音乐	效果	备注
1	1	远	摇	3″	×××图片	俄罗斯特乌拉尔山脉。巍峨的山下，有一群人正在缓缓前行	风声	悲凉的俄罗斯民歌	淡入	×××
2	××	中景	固	5″	××秒教师出镜，播放××视频	×××	×××	×××	切	×××

镜号：镜头顺序号，按组成视频画面的镜头先后顺序，用数字标出。它可作为某一镜头的代号。拍摄时不一定按次序号拍摄，但编辑时必须按顺序编辑。

机号：现场拍摄时，往往用 2～3 台摄像机同时进行工作，机号代表这一组镜头由哪一号摄像机拍摄。前后两个镜头分别用 2 台以上摄像机拍摄时，镜头的组接，就在现场通过特技机将两个镜头进行编辑。单机拍摄无须标明。

景别：根据内容需要和情节要求，反映对象的整体或突出局部。一般有远景、全景、中景、近景、特写等。

技巧：视频技巧包括拍摄时摄像机镜头的运动技巧，如推、拉、摇、移、跟等；镜头画面的组合技巧，如分割画面和键控画面等；以及镜头间的组合技巧，如切换、淡入淡出、叠化等。在线开放课程分镜头脚本中，技巧一般用来表明镜头间运动技巧，镜头组合技巧可以放到效果栏中。

时间：指镜头画面的时间，表明该镜头的长短，一般以秒标明。

画面内容：用文字阐述所拍摄的具体画面。为了阐述方便，推、拉、摇、移、跟等拍摄技巧也可在这一栏中与具体画面结合在一起加以说明。有时也包括画面的组合技巧，如画面分割为两部分，或键控出某种图像等。

解说（讲稿内容）：对应某一组镜头的解说词，须与画面密切配合、协调一致。

音响：在相应的镜头上表明使用的效果声。

音乐：注明音乐的内容（曲子的名称）以及起止位置，用来做情绪上的补充和深化，增强表现力。

效果：指场景转换的效果，如淡入、淡出、切入等。

备注：方便拍摄人员做记事用，可以把拍摄实景地点和一些特殊要求、注意事项等写在此栏。

关于镜头方面的问题主要有以下两点。

（1）镜距。镜距主要包括远景、全景、中景、近景、特写等，其分类及作用见表 3-5。

（2）镜头角度。镜头角度主要包括平视、俯视、仰视和混合运用。其分类及作用见表 3–6。

表 3–5 镜距分类及作用

镜距	作用描述
远景	主要强调场面的深远
全景	显示人物相对的动作状态，人物的全身都可见
中景	符合一般的人物视野，它的场景看起来不远不近，人物膝盖以上
近景	能看清人物表情，取人物的上半身或其他部分
特写	放大人物的面部，人体或物体的一个局部（突出局部）

表 3–6 镜头角度分类及作用

镜头角度	作用描述
平视	特点是视平线在画面人物或主体的头部或上部（该角度给人平实和自然的感觉）
俯视	特点是画面在人物头部或主体的顶部以上，层次和运动比较清晰，但表情不容易被看清
仰视	特点是视点在画面人物的腰部或主体的下半部以下。形象显得高大，但也会产生主体形象变形
混合运用	通过平视、俯视、仰视的组合来达到希望呈现的效果

2. 在线开放课程分镜头脚本规范

（1）根据拍摄场景和视频内容分出场次（也可注明场景的名称）。按顺序列出每个镜头的镜号。

（2）确定每个镜头的景别。编辑对景别的选择不仅是出于表达内容的需要，还要考虑到不同景别对表现节奏的作用、物体的空间关系和人们认识事物的规律。一般根据视距的远近可分为远景、全景、中景、近景、特写等大小不同的景别。有时根据摄制的需要还可以分得更细。例如大远景、中近景、大特写等。

（3）规定每个镜头的拍摄方法和镜头间的转换方式。固定镜头或运动镜头（推、拉、摇、跟、移，变焦推拉等）；拍摄高度是平摄或仰俯摄；镜头间直接切换或淡、化、划方式转换；画面特技处理是内键、外键、色键、分割画面、重叠或数字特技以及动画；一般情况下，对固定镜头、平摄和镜头的直接切换不需要在分镜头剧本中特别说明。

（4）估计镜头的长度。镜头的长度取决于阐述内容和领会镜头内容所需要的时间。同时，还应考虑到情绪的延续、转换或停顿所需要的长度（以秒为单位进行估算）。

（5）用精练、具体的语言描绘所要表现的画面内容，包括：事件发生的时间和场所，情节的安排，人物及人物的主要动作、表情和心理状态以及细节的处理。

（6）编辑应充分考虑到声音的作用和声音与画面的对应统一关系。配置好解说、音响效果和音乐。

分镜头脚本是依据内容脚本和讲稿加工而成，不是对内容脚本和讲稿的图解与翻译，而是在内容脚本和讲稿的基础上进行音视频语言的再创造。虽然分镜头脚本也是用文字书写的，但它已经接近课程视频的成品，或者说它是可以在脑海里“放映”出来的音视频，已经获得某种程度上可见的效果。因此，在创作分镜头脚本时，分镜头运用必须流畅自然，画面形象须简洁易懂（分镜头的目的是要把拍摄该镜头视频的基本意图和故事以及形象大概说清楚），分镜头间的连接须明确（一般不表明分镜头的连接，只有分镜头序号的变化，其连接都为切换，如需溶入溶出，分镜头脚本上都要标识清楚），对话、音效等标识需明确（对话和音效必须明确标识，而且应该标识在恰当的分镜头画面的下面）。

分镜头脚本质量将直接影响后续视频的拍摄与制作，是课程视频呈现的关键所在。分镜头脚本应以知识点为单位进行撰写并以知识点（技能点）命名文件，以章（篇）文件夹存储，便于查询和管理。

现实操作中，更多地把课程内容脚本与分镜头脚本合并成一个脚本，把各种脚本要素整合在一起，根据需要和习惯，设计脚本格式。这样做的好处就是工作量相对小一点，缺点就是脚本要素过多、过于烦琐，用起来不方便。

3. 在线开放课程媒体素材规范

在线开放课程制作过程中，对于内容的处理和教学过程中所用到的媒体表现形式，都是根据内容的特点和教学设计来确定。什么样的内容需要用到什么样的媒体形式，这是教学团队和技术制作人员之间协调一致的过程，最终通过脚本卡片形式体现设计细节，这部分内容越详细越有利于后期开发制作。

媒体素材按照媒体类型可划分为五大类：文本素材、图形（像）素材、音频素材、动画素材、视频素材。

（1）文本素材。文本素材中汉字采用 GB 码统一编码和存储，英文字母和符号使用 ASCII 编码和存储。

（2）图形（像）素材。图形（像）素材应采用目前通用的格式处理和存储。由于在 Internet 上通用的格式只有 GIF 格式和 JPG 格式。所有图形（像）都要有这两种格式中的任何一种格式；彩色图像的颜色数不低于 8 位色，灰度图像的灰度级不低于 128 级，图形可以为单色；扫描图像的扫描分辨率不低于 150 dpi。

（3）音频素材。数字化音频的采样频率不低于 11 kHz，量化位数至少为 8 位，声道数为双声道为宜；音频数据存储的主要格式有 WAV 格式、MP3 格式、MIDI 格式和流式媒体（RAM）格式。数字化音频采用 WAV 格式为主，用于欣赏的音乐使用 MP3 格式，MIDI 设备录制音乐使用 MIDI 格式，而用于实时交互的音频使用流式媒体格式；所有音频数据都需要制作成 REAL 流式媒体格式，若有其他格式的音频数据（WAV、MP3、MIDI 等），则需要提交两份，一份是原格式，一份转换为 REAL 流式媒体格式。

（4）动画素材。动画素材使用 MB、SWF、ANI、GIF、FLA 等格式。动画素材可根据课程内容呈现需要，收集并运用到课程中，以提升课程效果；也可以根据需要由课程团队或聘请专业公司基于应用动画开发软件定制开发。

（5）视频素材。视频素材使用四种存储格式：AVI 格式、QuickTime 格式、MPEG 格式和流式媒体格式。在 PC 平台上应使用 AVI 格式，Apple 系列使用 QuickTime 格式，主要于单独欣赏较大视频素材使用 MPEG 格式，在网上实时传输供实时教学使用的视频素材使用流式媒体格式；所有视频数据都需要制作成 REAL 流式媒体格式，若有其他格式的视频数据（AVI、MPEG、MOV 等），则需要提交两份：一份是原格式，一份转换为 REAL 流式媒体格式；视频素材每帧图像颜色数不低于 256 色或灰度级不低于 128 级；视频素材中的音频与视频图像应保持良好的同步。

3.5　在线开放课程视音频制作规范

3.5.1　视频内容规范

1. 画面

屏幕图像的构图合理，画面主体突出。人像及肢体动作以及配合讲授选用的板书、画板、教具实物、模型和实验设备等均不能超出镜头所及范围。

2. 背景

授课视频的背景可采用彩色喷绘、电脑虚拟或现场实景等背景。背景的颜色、图案不宜过多，应保持静态，画面应简洁、明快，有利于营造学习气氛。

3. 拍摄角度

摄像镜头应保持与主讲教师目光平视的角度。主讲教师不应较长时间仰视或俯视。

4. 手段运用

使用资料、图片、外景实拍、实验和表演等形象化教学手段，应符合教学内容要求，与讲授内容联系紧密，手段选用恰当。

5. 素材选择

选用影视作品或自拍素材，应注明素材来源。影视作品或自拍素材中涉及人物访谈内容时，应加注人物介绍。选用的资料、图片等素材画面应清楚，对于历史资料、图片应进行再加工。选用的资料、图片等素材应注明素材来源及原始信息（如字画的作者、生卒年月，影视片段的作品名称、创作年代等信息）。

6. 动画

动画的设计与使用，要与课程内容相贴切，能够发挥良好的教学效果。动画的实现须流畅、合理、图像清晰，具有较强的可视性。

3.5.2　视音频技术规格

1. 视频信号源

——稳定性：全部视频图像同步性能稳定，无失步现象，图像无抖动跳跃，色彩无突变，编辑点处图像稳定。

——色调：白平衡正确，无明显偏色，多机拍摄的镜头衔接处无明显色差。

——画幅：建议采用 16:9，720 p 或 1 080 p。

2. 音频信号源

——声道：教师讲授内容音频信号记录于第 1 声道，音乐、音效、同期声记录于第 2 声道，若有其他文字解说记录于第 3 声道（如录音设备无第 3 声道，则记录于第 2 声道）。

——声音和画面同步，无交流声或其他杂音等缺陷。

——伴音清晰、饱满、圆润，无失真、噪声杂音干扰、音量忽大忽小现象。解说声与现场声无明显比例失调，解说声与背景音乐无明显比例失调。

3.5.3 视音频压缩格式及技术参数

1. 视频压缩格式及技术参数

（1）视频压缩采用 H.264/AVC（MPEG-4 Part 10）编码、使用二次编码、不包含字幕的 MP4 格式。

（2）视频码流率：动态码流的最低码率不得低于 1 024 KB。

（3）视频分辨率：分辨率设定为 1 280×720 或 1 920×1 080。

（4）视频画幅宽高比：16:9。

（5）视频帧率：25 帧/秒。

（6）扫描方式：采用逐行扫描。

2. 音频压缩格式及技术参数

（1）音频压缩采用 AAC（MPEG4 Part3）格式。

（2）采样率 48 kHz。

（3）音频码流率 128 kbps（恒定）。

（4）声音必须是双声道，必须做混音处理。

3. 封装

（1）视频采用 MP4 封装，单个视频文件小于 200 MB。

（2）字幕文件采用 SRT 格式，中英文字幕需分成两个 SRT 文件。

3.5.4　演示文稿制作规范

1. 制作原则

（1）演示文稿（PPT）内容丰富，可集文字、图形、图像、声音以及视频等多种媒体元素于一体。

（2）页面设置应符合高清格式比例，幻灯片大小为“全屏显示16:9”。

（3）整体效果应风格统一、色彩协调、美观大方。

2. 字体与字号

演示文稿字体与字号要求见表3–7。

表3–7　演示文稿字体与字号要求

类型	大标题	主讲信息	一级标题	正文	字幕
字体	大黑、时尚中黑、大隶书	黑体	黑体、魏碑、大宋	雅黑、中宋	雅黑
字号	50～70磅	36～40磅	36～40磅	24～32磅	32磅
应用	上下左右居中	左右居中	左右居中	左对齐或居中	左右居中

3. 版心与版式

每页四周留出空白，应避免内容顶到页面边缘，边界安全区域分别为左、右130像素内，上、下90像素内。

4. 背景

（1）背景色以简洁适中饱和度为主（颜色保持在1～2种色系）。

（2）背景和场景不宜变化过多。

（3）文字、图形等内容应与背景对比醒目。

5. 色调

（1）色彩的选配应与课程科目相吻合。

（2）每一短视频或一系列短视频在配色上应体现出系统性，可选一种主色调再加上1～2种辅助色进行匹配。

（3）同一屏里文字不宜超出3种颜色。

6. 字距与行距

（1）标题：在文字少的情形下，字距放宽 1 倍体现舒展性。

（2）正文：行距使用 1 行或 1.5 行，便于阅读。

7. 配图

（1）图像应清晰并能反映出内容主题思想，分辨率应为 72 dpi 以上。

（2）图片不可加长或压窄，防止变形。

（3）图形使用应通俗易懂，便于理解。

8. 修饰

（1）细线条的运用比粗线条更显精致。

（2）扁平式的装饰更接近时代审美。

（3）有趣味的装饰通常更能吸引人。

9. 版权

版权来源素材选用注意版权，涉及版权问题须加入“版权来源”信息。

参考文献

[1] 岳敏. 在线课程设计与开发探讨[J]. 当代继续教育，2017，35(198)：84-87，96.

[2] 武法提. 网络课程设计与开发 [M]. 北京：高等教育出版社，2007.

[3] 丁兴富. 远程教育学 [M]. 北京：北京师范大学出版社，2009.

[4] ILIN G. Moodle: a way for blending VLE and face-to-face instruction in the ELT context [J]. Turkish online journal of educational technology-TOJET，2013，12 (4)：109.

[5] 哈拉西姆，肖俊洪. 协作学习理论与实践——在线教育质量的根本保证 [J]. 中国远程教育，2015 (8)：8，13.

[6] 李琴. 浅析微课设计与制作的理论与实践 [J]. 无线互联科技，2015 (5)：105-106.

[7] 武法提. 目标导向网络课程设计的原理[J]. 中国电化教育，2006(1)：17-20.

[8] 睢瑞丹. 全媒体环境下微课教学模式研究[J]. 吉林广播电视大学学报，2016（11）：126–127.

[9] 梁照，余英龙. 全媒体时代下微课程开发策略研究 [J]. 软件导刊（教育技术），2015，14（3）：60–61.

[10] 蔡希瑶，邓建辉. 浅谈分镜头脚本的创作 [J]. 中国医学教育技术，2008（1）：80–81.

[11] 黄政杰. 课程设计 [M]. 台北：台湾东华书局，1991.

[12] 钟启泉. 课程论 [M]. 北京：教育科学出版社，2007.

[13] 加涅. 教学设计原理 [M]. 上海：华东师范大学出版社，2000.

[14] 皮连生. 学与教的心理学 [M]. 上海：华东师范大学出版社，2011.

[15] 刘宁，王晓典. 论成果导向教育理念的学生学习成效多元评量 [J]. 黑龙江高教研究，2016（12）：37–40.

[16] 何静，孔繁正，王林. 成果导向教育（OBE）理念辨析 [J]. 广东水利电力职业技术学院学报，2018（1）：43–46.

[17] 崔璐. 在线课程教学资源的开发与设计 [J]. 黑龙江科学，2019，10（15）：62–63.

[18] 龚福鹏，张佳妮. 基于 Moodle 平台功能及成人学习者需求分析下的在线课程设计思考 [J]. 科教导刊（下），2017（27）：46–47.

[19] 马佳，汪宏友. 成果导向教育（OBE）理论研究文献综述 [J]. 创新创业理论研究与实践，2019（16）：88–89.

[20] 董永刚，宋剑锋，李兴东，等. 基于 OBE 理念和学堂在线 MOOC 平台的新型教学模式探索 [J]. 中国教育信息化，2018（10）：51–54.

[21] 王卫军，杨薇薇，邓茜，等. 在线课程设计的原则与理念思考 [J]. 现代远距离教育，2016（5）：54–60.

[22] 教育部. 教育部办公厅关于开展 2018 年国家精品在线开放课程认定工作的通知：教高厅函〔2018〕44 号 [Z]. 2018–07–20.

[23] 教育部. 教育部高等教育司关于开展 2019 年国家精品在线开放课程认定

工作的通知：教高司函〔2019〕32 号［Z］. 2019-07-01.

［24］潘吟松，覃翠华. 认知负荷理论及其对多媒体教学的启示［J］. 广西师范学院学报（自然科学版），2011，28（4）：123-126.

［25］国家市场监督管理总局，中国国家标准化管理委员会. 信息技术 学习、教育和培训在线课程：GB/T 36642—2018［S］. 北京：中国标准出版社，2018.

第 4 章
在线开放课程建设的组织与管理

前面几章介绍了在线开放课程的起源、发展、学习需求、设计与开发等，都是以在线开放课程为对象进行研究探讨的。本章主要从在线开放课程建设的组织与管理层面进行探讨。

4.1　在线开放课程规划计划

计划的基本意义为合算、刻画，一般指办事前所拟定的具体内容、步骤和方法；从时间尺度来说侧重于短期，从内容角度来说侧重（划）战术层面，重执行性和操作性。规划的基本意义由“规（法则、章程、标准、谋划，即战略层面）”和“划（合算、刻画，即战术层面）”两部分组成，“规”是起，“划”是落；从时间尺度来说侧重于长远，从内容角度来说侧重（规）战略层面，重指导性或原则性。规划是融合多要素、多人士看法的某一特定领域的发展愿景，意即进行比较全面的、长远的发展计划，是对未来整体性、长期性、基本性问题的思考、考量和设计未来整套行动的方案。

计划是规划的延伸与展开，计划与规划是一个子集的关系，即“规划”里面包含着若干个“计划”，它们的关系既不是交集的关系，也不是并集的关系，更不是补集的关系。规划与计划基本相似，不同之处在于：规划具有长远性、全局性、战略性、方向性、概括性和鼓动性。规划相对计划而言更具宏观性、全局性、规范性、指引性，规划通常更加提纲挈领，因此可以包含若干个操作计划，来促进规划的落地。计划相对规划而言具有微观性、区域性、灵活性和操作性强的特点。

在线开放课程规划一般是指 5 年或更长远的在线开放课程建设发展计划方案，一般是由学校或上级主管部门根据一个时期，在总结前一期规划取得的成绩、经验做法、存在的问题和不足，面临的形势与要求等，着眼教育教学领域建设发展和人才培养需要，对规划期内的在线开放课程建设的指导思想、发展目标、遵循的原则、思路举措、任务要求等进行全面战略谋划和设计，形成具有指导意义的行动方案。规划一般是五年规划、十年规划、长远规划等。在线开放课程建设计划，一般是在规划的目标任务内，制订具有很强操作性的在线开放课程建设方案。计划可以是阶段计划、年度计划、三年计划等。

无论是在线开放课程的短期计划还是长远规划，都应把科学发展的要求体现到目标制订、发展重点、体制机制、考核评估等各个方面，并注重把握好以下六个方面。

4.1.1 坚持实事求是

实事求是指从实际对象出发，探求事物的内部联系及其发展的规律性，认识事物的本质，通常指按照事物的实际情况办事。实事求是是做好各项工作的根本。在制订在线开放课程规划计划时，既要学深学透上级精神，又要贴合自身实际量力而行；既要任务饱满，又要兼具可操作性；既要避免目标过低，没有挑战性，难以激发主动性，又要杜绝好高骛远，脱离实际“空谈”。

4.1.2 注重延续创新

新的规划计划往往是上一个规划计划的延续，尤其是某些在线开放课程类型，如 SPOC 一直是高校在线开放课程开发建设的重点方向，要注重规划计划的连续和衔接，要做到“顾后”“瞻前”，既要“回头看”，延续重点，“一年接着一年干”；又要“向前看”，突出亮点，推出新点，创新规划计划任务和目标要求。

4.1.3　突出问题导向

制订规划计划时要牢固树立问题意识，认真查找和梳理在线开放课程建设规划计划执行过程中及在线开放课程开发应用中存在的矛盾问题，集思广益研究问题，事不避难解决问题。只有时时绷紧问题这根弦，以问题为中心攻坚克难，找到问题背后的问题，分析研究并采取具体有效的举措破题，着力补齐短板，规划计划才会更加科学可行，更加有指导性和可执行性。

4.1.4　明确职责要求

制订在线开放课程建设规划计划时，在梳理好工作内容的基础上，明确任务和目标要求，明确进程和推进举措，明确时间节点和相关责任人；还可以制定规划执行推进表，将任务细化为多个关键节点，明确每个节点需要做什么、怎么做。

4.1.5　加强动态管理

“明者因时而变，知者随事而制。”制订在线开放课程建设规划计划，应有一定的超前性和预见性，充分考虑可能出现的问题。但也不能规划计划制订下发了就“刀枪入库，马放南山”，还应在具体落实中不断完善和调整。执行过程中往往会出现新情况、新问题，或是有的规划计划不适应需要，这时候就应结合具体情况研究分析，对规划计划进行合理调整，以更好地推动规划计划的落实。

4.1.6　强化跟踪问效

规划计划好不好，关键看落实；落实好不好，关键看成效。在线开放课程业务主管部门，在规划计划执行过程中，应做好跟踪问效，适时组织对规划计划执行情况进行中期检查评估，及时反馈检查评估情况，督导问题整改，提出后续执行的指导性意见。规划计划到期后，还应对规划计划总体执行情况进行终结性评估，总结成绩、积累经验，为后续规划计划提供借鉴和参考。

4.2 在线开放课程项目建设过程管理

在线开放课程项目建设，可以按照规划立项的程序组织实施，也鼓励教师根据学习者的需求和自己的专业特长自发开展建设。对于规划建设的在线开放课程，教育主管部门和高校应结合自身实际，制定出台在线开放课程方案论证、立项申报、项目下达、实施建设、课题审查、运行维护等全过程的管理规章制度或管理办法。对于自发开展建设的在线开放课程，也应出台鼓励性政策措施，如通过验收后的项目视情给予一定的经费补助、工作量认定、纳入各种评优范围等，以此调动教师自发建设在线开放课程的积极性和主动性。本节重点探讨对于规划内的在线开放课程建设项目的过程管理问题。

4.2.1 方案论证

项目组负责人在充分调研学习者学习需求的基础上，深入分析项目的必要性和可行性，项目现有基础是否具备课程开发能力，遴选教学团队人员，收集整理课程素材资料，拟订课程开发计划，确定课程目标、任务和预期效果。

4.2.2 立项申报

在方案论证的基础上，根据上级关于在线开放课程申报的条件、要求，认真填报项目申报书，并组织专家进行审查，提出修改意见建议，完善后逐级审核把关后按时上报。

4.2.3 项目下达

规划在线开放课程项目建设的主管部门，根据预先确定的在线开放课程规划的课程数量、目标要求、建设方向、经费等，组织专家依据评审办法和原则对立项申报的项目评审遴选，报批后下达执行。

4.2.4　实施建设

项目组根据上级批复的项目方案，制订详细的在线开放课程建设计划，对照在线开放课程建设标准规范，编写课程开发脚本、制作样片、拍摄制作视频、开发建设试题库、制作宣传片、编辑加工形成审查版课程。

4.2.5　课程审查

在线开放课程项目上一级主管部门，组织专家对项目组提交的课程开发脚本、课程样片、宣传片、审查版课程等进行审查把关。审查过程分为三个阶段：第一阶段，是对课程脚本进行审查，脚本审查通过后，方可进行第二步。第二阶段，是对课程样片进行审查，这一步非常重要，样片一旦确定，课程后续风格也就确定了，课程开发建设也就有了遵循和依据。第三阶段，是对开发完成的审查版课程进行审查，包括内容审查、保密审查、政治审查，通过后的在线开放课程方可进行平台上线运行和教学应用。在第二阶段和第三阶段之间，视情进行中期检查，及时发现项目建设过程中的矛盾问题并整改。中期检查组织形式可灵活掌握，可以是主管部门的领导带检查组检查，也可以组成检查专家组，由专家主导检查工作。

4.2.6　运行维护

对于已经上线运行、提供教学服务的课程，教学团队应加强线上课程资源的更新和维护。教学团队应为学习者提供优质的教学支持服务和个性化指导，关注学习者的评价和反馈，并持续对线上课程资源进行改进和优化。

对在线开放课程建设实施闭环管理，还应对在线开放课程进行评价，根据反馈评价信息进行完善提升后再进行应用。在线开放课程评价是一项复杂的系统工程，涉及评价的原则、方法、指标体系等，这些内容将在第 5 章进行详细的探讨。

4.3 在线开放课程建设管理制度机制

制度是一个社会组织或团体中要求其成员共同遵守并按程序办事的规章或准则，用以规范和约束人们思想行为的规章、条例、规则、办法等的总称。制度具有指导性与约束性、鞭策性与激励性、规范性与程序性，是各项工作正常运转的有力保证。“没有规矩，不成方圆。”“机制”一词最早源于希腊文，原指机器的构造和工作原理。管理机制是指管理系统的结构及其运行机理。管理机制本质上是管理系统的内在联系、功能及运行原理，是决定管理功效的核心问题。为保证在线开放课程建设工作的顺利有序进行，应建立健全各类管理规章制度和管理机制。

4.3.1 建设管理制度

从管理层面上讲，相关的制度类型很多，如条例、规定、办法、实施细则等。一般情况下，条例是各类制度的母法，应由最高管理机关制定出台，依据条例可出台配套的规定、办法等。对于学校层面，一般结合上级规定要求，制定本校管理办法即可，如果上级已经制定了办法，学校认真执行即可，或是依据办法制定本校的实施细则。在制定在线开放课程建设管理办法时，应基于在线开放课程建设内容，突出其特点和建设规律，明确办法制定的目的、适用范围、各级职责等，对在线开放课程建设、管理、运行等进行规范和要求。在线开放课程建设与管理办法力求简练、适用，它是指导和约束在线开放课程建设的行为规范，应做到易于执行、可操作性强。

4.3.2 建设标准规范

2018 年 9 月，国家市场监督管理总局和国家标准化管理委员会联合发布了国家标准《信息技术学习、教育和培训在线课程》（GB/T 36642—2018）给出了在线课程的信息模型和要素，规定了各要素的功能和属性以及相应的 XML 绑定。国标是通用型标准，适用于各类型的在线开放课程建设、需要开放共享以及在不同平台间迁移的在线开放课程的设计与资源开发。我们在执行国标的同时，应结合本单位或本领域实际，对国标某些内容进行取舍，梳理出更加易于执行、便于操作的在线开放课程建设规范。重点应从两个方面入手：一是在线开放课程内容标准，包括课程设计、课程资源、课程应用、课程团队等在线开放课程各构成要素及其建设内容的界定与规范；二是在线开放课程的技术规范，包括视频、音频、动画、文字、图表等技术要求。

4.3.3　激励约束机制

在线开放课程的激励机制方面，重点从成果认定（如认定为国家级精品在线开放课程等同国家级教学成果三等奖等）、经费支持、工作量认定（如评为市级、国家级精品在线开放课程分别上浮 1.0、2.0 的工作量系数等）、课时酬金、评先奖励、调职调级、职称评审等方面，出台鼓励性政策；约束政策主要指对实施在线开放课程中的违规违纪行为给予相应的惩罚，如在线开放课程出现政治性问题按政治纪律进行处理、出现保密问题按保密规定处理等。

4.3.4　监控管理手段

基于在线开放课程建设特点规律和项目建设与管理需求，构建开发便捷、高效、安全、稳定的在线开放课程建设与管理信息系统，对从立项、评审、执行、验收、评估等在线开放课程建设全流程到课程内容、课程资源、课程团队等在线开放课程全要素，以及在线开放课程从酝酿到最终下线淘汰全寿命进行管理和监控，为管理层科学决策、提升在线开放课程建设管理效率和水平，提供信息化手段。

在线开放课程立项、检查、验收、上线等工作的配套参考表格详见附录 1～附录 7。

参考文献

［1］谢敏. 制定中长期教育战略规划的三个问题［J］. 教育学术月刊，2009（6）：22－24.

［2］余唯一．学校发展规划的制定和问题分析［J］．教书育人，2016（7）：7-9.
［3］董奇．高职院校专业建设规划的研究与实践［J］．杨凌职业技术学院学报，2016，15（2）：45-47.
［4］葛学英，赵连华．高校教学改革项目建设及管理［J］．湖南科技学院学报，2007，28（6）：172-173.
［5］甘百强，张弛．精品在线开放课程建设思路探究［J］．现代经济信息，2018（5）：426.
［6］陆蔺，程磊．基于物联网技术的实验室设备管理系统设计［J］．苏州大学学报（工科版），2012，32（6）：72-75.
［7］戴勇．高职国家精品在线开放课程建设的思考［J］．中国职业技术教育，2018（5）：52-55.
［8］夏远利．国家精品在线开放课程建设与应用研究［J］．淮北职业技术学院学报，2019，18（6）：33-36.
［9］国家市场监督管理总局，中国国家标准化管理委员会．信息技术　学习、教育和培训在线课程：GB/T 36642—2018［S］．北京：中国标准出版社，2018.

第 5 章

在线开放课程评价

在线开放课程评价是课程评价的范畴，为了能够阐释清楚在线开放课程评价问题，有必要对课程评价的内涵、类型、模式等有关问题进行介绍。在此基础上，研究探讨在线开放课程评价的原则、方式、组织实施、指标体系、评价结果运用等问题。第 3 章中关于评价的内容是对学习者考核评价的探讨，而本章重点是探讨如何对在线开放课程本身进行评价。

5.1　课程评价概述

5.1.1　课程评价的概念

英国课程专家凯利（A.V.Kelly）认为，课程评价（curriculum evaluation）是评估任何一种特定的教育活动价值和效果的过程。而美国课程论专家比彻姆（H.A.Beauchamp）则认为，课程评价包含判断课程系统的效果和所规划课程的效果的那些必要的过程。泰勒在“八年研究”[①]期间提出的课程评价的概念：课

① “八年研究”亦称“三十校实验”。美国进步教育协会 1934—1942 年在中等教育方面开展的一项调查研究活动。因历时 8 年而得名。1930 年，美国进步教育协会在第十届年会上正式讨论了协调中学与大学关系的主题，并成立了“中学与大学关系委员会”，从而拉开了“八年研究”的序幕。该委员会经过调查研究和广泛征询意见，详细制定了一项由合作中学和大学共同参与的为期 8 年（1934—1942）的教育实验研究。该项调查在 30 所中学和 300 所大学的合作下，对 1 475 对大学生（每对包括一个进步主义学校毕业生和一个传统学校毕业生）从年龄、性别、种族、学术倾向、职业兴趣、家庭、社会背景，尤其是在大学的学习成绩与进步等方（续下页）

程评价过程实质上是一个确定课程与教学计划实际达到教育目标的程度的过程。《教育大辞典》对课程评价是这样界定的："检查课程的目标、编订和实施是否实现了教育目的，实现的程度如何，以判定课程设计的效果，以据此作出改进课程的决策。"综上所述，课程评价是指根据一定的标准和课程系统信息以科学的方法检查课程的目标、编订和实施是否实现了教育目的，实现的程度如何，以判定课程设计的效果，并据此做出改进课程的决策。课程评价是一个价值判断的过程。价值判断要求在事实描述的基础上，体现评价者的价值观念和主观愿望。不同的评价主体因其自身的需要和观念的不同对同一事物或活动会产生不同的判断。课程评价的方法是多样的。它既可以是定量的方法，也可以是定性的方法，教育测试或测量只是其中的一种方法，并不代表课程评价的全部。课程评价的对象包括课程计划、实施、效果等诸多课程要素，它既包括课程计划本身，也包括参与课程实施的教师、学生、学校，还包括课程活动的结果，即学生和教师的发展。

5.1.2 课程评价的主流观点

在课程评价领域的诸多研究中，主要有三种观点：第一种观点是坚持目标取向的课程评价观点，持这一观点的代表人物是被称为"当代教育评价之父""现代课程理论之父"的美国著名教育学家、课程理论专家、评价理论专家拉尔夫·泰勒（Ralph W. Tyler）。泰勒认为：课程评价是将课程计划和预定的课程目标相对照的过程，预定目标是评价的唯一标准，它追求评价的科学性与客观性，这种取向的评价的基本方法就是量化研究方法，并常常将预定的目标以行为目标的方法来陈述。第二种观点是过程取向的课程评价，这种评价试图将教师和学生在课程开发、实施以及过程中的全部情况都纳入评价范围之内，强调评价

（接上页）面做详细比较。该项研究旨在对进步主义学校毕业生和传统学校毕业生在大学的学习情况做对比研究，以了解两种不同类型的课程、教法的优劣，当时的大学入学考试科目对于大学学习是否必不可少，进步主义学校的课程、教法是否同样能为学生升入大学做准备等问题。"八年研究"是美国进步教育运动史上一次规模最为广泛的研究实验，它对美国的教育乃至整个世界的教育都产生了重要影响。教育评价在其实践中得到了不断完善和发展，开始渐渐发展成为一个重要的研究领域；同时它对课程理论和教学活动也产生了广泛而深刻的影响，对我国现今的教育改革有很大启示意义。

者与具体情境的交互作用，主张不论是否与预定目标相符，与教育价值相关的结果都应当受到评价。第三种观点就是主体取向的课程评价观点，持这种观点的人们认为课程评价是评价者与被评价者、教师与学生共同建构意义的过程。

5.1.3　课程评价的类型

由于人们进行课程评价的目的不同，对课程要素的关注点也不同，进而对课程评价的类型划分也就不同。第一种是根据评价的范围不同，课程评价可分为广义的课程评价和狭义的课程评价。广义的课程评价是指按照一定的价值标准，通过系统地收集有关信息，对教育活动中受教育者的发展变化以及构成其发展变化的诸种因素满足社会与个体需要的程度做出判断，并为被评价者的自我完善和有关部门的科学决策提供依据的活动。狭义的课程评价是指对课程计划、课程目标、教材等在改进学生学习方面的价值做出判断的活动或过程，一般包括对课程目标体系的评价、对课程计划的评价、对课程标准的评价、对教材的评价等核心内容，一般是由受过专门培训的评价人员借助专门的评价方法和技术实施评价。本书从狭义上对在线开放课程评价有关问题进行研究。第二种是根据评价的主体不同，将课程评价分为自我评价和外来评价。第三种是根据评价的目的不同，将课程评价分为诊断性评价、形成性评价和总结性评价。第四种是根据评价的参照标准或评价反馈策略不同，将课程评价分为绝对评价、相对评价和个体内差异评价。第五种是根据评价手段不同，将课程评价分为量性评价和质性评价。

现实操作中，评价者有时只关注评价课程计划本身，有时则可能只关注评价课程实施后的结果。美国教育家和心理学家斯克里文（M.Screven）把前一种称为“内部评价”。这种评价准则通常都直接指向计划本身，即只是试图回答这样一个问题：“这项课程计划好在哪里？”斯克里文用研究一把斧头作为内部评价的一个例子。人们在考虑一把斧头时，可以研究斧头的设计、所选用的材料、重量的比例、把手的形状和合适性。人们可以假定：设计良好和选材合适的斧头砍柴会很快。一般人们不会去直接测量砍柴这个事实。同样，课程评价者也可以就课程设计所包括的特定内容、课程内容的正确性、课程内容的排列方式、课程计划所涉及的学生经验的类型以及所包括的教学材料的类型来评价课程计划本身的价值。人们也可以假设，如果课程计划设计、组织得好，并有可靠的基础，就有可能在促进学生学习方面是有效的。

尽管评价者从事这种内部评价（确定课程本身是否有价值）的理由是显而易见的，但也有人对此不以为意。他们关注的不是“这项课程计划好在哪里？”的问题，而是“课程达到的目标的实际情况如何？”的问题，即把重点放在考察课程实施结果上。斯克里文把它称为“结果评价”。“结果评价”主要用来考察课程计划对学生所产生的结果，但也可以用来考察对教师和行政人员产生的结果。这种评价取向一般是通过对前测与后测之间、实验组与控制组之间，或其他标准参数之间的差异来做出判断的。许多教育者倾向于采用结果评价，在一些人看来，结果评价实际上是唯一可信赖的评价。因为它提供了确定课程对学生所产生的结果的可靠信息。

5.2 课程评价的模式

课程评价模式包括目标评价（objective evaluation）模式、目的游离评价（goal-free evaluation）模式、CIPP 模式、外观评价（countenance evaluation）模式、差距评价（discrepancy evaluation）模式五种评价模式。

5.2.1 目标评价模式

目标评价模式是在泰勒的“评价原理”和“课程原理”的基础上形成的。“评价原理”可概括为七个步骤：确定教育计划的目标，根据行为和内容来解说每一个目标，确定使用目标的情境，设计呈现情境的方式，设计获取记录的方式，确定评定时使用的计分单位，设计获取代表性样本的手段。泰勒的评价原理是以目标为中心展开的，主要针对 20 世纪初形成并流行的常模参照测验的不足而提出。泰勒的“课程原理”可以概括为四个步骤：确定课程目标，根据目标选择课程内容，根据目标组织调和内容，根据目标评价课程。其中，确定目标是最为关键的一步，因为其他所有步骤都是围绕目标而展开的。

泰勒主张根据教育目标评价课程，他认为课程实施后若达到目标要求，就是适应的；否则就是不适应的。并且，他还认为教育过程的起始就是实现教育目标的起始，可由学生的行为表现出来。泰勒坚持评价时要把目标分析透彻，并设计出测量的工具，按照目标的要求测量学生进步的情况，体现出测量作为目标模式的特点，并主张运用标准进行测量。

目标评价的实质是要确定课程预期目标与实际结果相吻合的程度。目标评价强调要用明确的、具体的行为方式来陈述目标。评价是为了找出实际结果与课程目标之间的差距，并可利用这种信息反馈作为修订课程计划或修改课程目标的依据。

5.2.2　目的游离评价模式

目的游离评价模式是斯克里文于 1967 年对泰勒的目标评价模式只关注预期目标却忽视其他方面因素的弊端进行批判，而提出的一种具有更大客观性的评价模式。斯克里文认为评价者应该注意的是课程计划的实际效应，而不是预期效应，即原先确定的上载。在斯克里文看来，目标评价模式只考虑到预期效应，忽视了非预期效应（或称"副效应""第二效应"）。目的游离评价模式是把评价的重点从"课程计划预期的结果"转向"课程计划实际的结果"。评价者不应受到预期的课程目标的影响。尽管这些目标在编制课程时可能是有用的，但不适合作为评价的准则。因为评价者要收集有关计划实际结果的各种信息，不管这些结果是预期的还是非预期的，也不管这些结果是积极的还是消极的。这种评价模式也有它的局限性，主要表现在，如果在评价中把目标搁在一边去寻找各种实际效果，结果很可能会顾此失彼，背离评价的主要目的。评价者总是有一定的评价准备，游离了课程建设者的目的，评价者很可能会用自己的目的取而代之。因此，目的完全"游离"的评价是不存在的，这种评价模式是不完善的，缺少完整的评价程序，作为一种评价原则较为合适。

5.2.3　CIPP 模式

CIPP 是由背景评价（context evaluation）、输入评价（input evaluation）、过

程评价（process evaluation）、成果评价（product evaluation）四种评价的第一个英文字母组成的缩略词。斯塔弗尔比姆认为，评价不应局限在评定目标达到的程度上，而应该是为课程决策提供有用信息的过程，因而他强调，重要的是为课程决策提供评价材料。CIPP 模式包括收集材料的四个步骤：① 背景评价，是要确定课程计划实施机构的背景，明确评价对象及其需要，明确满足需要的机会，诊断需要的基本问题，判断目标是否已反映了这些需要。② 输入评价，主要是为了帮助决策者选择达到目标的最佳手段，而对各种可供选择的课程计划进行评价。③ 过程评价，主要是通过描述实际过程来确定或预测计划本身或实施过程中存在的问题，需要对计划实施情况加以检查。④ 成果评价，是要测量、解释和评判课程计划的成绩。它要收集有关的各种描述与判断，把它们与目标以及背景、输入和过程方面的信息联系起来，并对它们的价值和优点做出解释。CIPP 模式考虑到影响课程计划的因素比较全面，但实际操作过程比较复杂，难以掌握。

5.2.4 外观评价模式

外观评价模式亦称“过程模式”，是由美国教育学者斯泰克于 1967 年在其所著《教育评价的外观》一文中提出的。他主张按照描述和判断资料来评价课程，关键的活动是在课程实施的全过程中进行观察和搜集意见，以了解人们对课程的不同看法。斯泰克认为评价应该从前提条件、相互作用和结果三个方面收集有关课程的材料。前提条件是指教学之前已存在的、可能与结果有因果关系的各种条件；相互作用是指教学过程，主要是指师生之间和学生之间的关系；结果是指实施计划的效果。对于这三个方面的材料都需要从两个维度，即描述与评判，做出评价。描述包括课程计划打算实现的内容和实际观察到的情况这两方面的材料；评判包括根据既定标准的评判和根据实际情况的评判两种。按照外观评价模式，课程评价要在整个课程实施过程中进行观察和收集资料。它不限于检查教学结果，而是注意描述和评判在教学过程中的各种动态现象。由于它把课程实施过程前后的材料作为参照系数，这比其他的评价模式更为周到。但它把个人的观察、描述的判断作为评价的主要依据，很可能会掺入个人的主观因素。此外，前提条件、相互作用和结果三个因素的界限并不是绝对的，相互作用或教学过程本身会存在众多的前因与后果。

5.2.5 差距评价模式

差距评价模式是由普罗佛斯提出的。他指出，一些评价模式只重视几种课程计划之间的比较，没有注意该计划本身所包含的成分。而事实上，一些自称在实施某种课程计划的学校，并没有按照课程计划来动作。所以，这类计划之间的比较并没有什么意义。差距评价模式旨在提示计划的标准与实际的表现之间的差距，以此作为改进课程计划的依据。差距评价包括设计、装置、过程、产出、成本效益分析五个阶段。设计阶段是要界定课程计划的标准，以此作为评价的依据。装置阶段是要了解所装置的课程计划与原打算相吻合的程度，所以必须收集已经装置的课程计划有关方面（包括预期目标、前提条件和教学过程）的材料。过程阶段或称过程评价是要了解导向最终目的的中间目标是否达成，并借此进一步了解前提条件、教学过程、学习结果的关系，以便于对这些因素做出调整。产出阶段或称结果评价是要评价所实施的课程计划的最终目标是否达成。成本效益分析阶段或称计划比较阶段，其目的在于表明哪种计划最经济有效。这需要对所实施的计划与其他各种计划做出比较。在差距评价模式中，除了成本效益分析阶段外，其他四个阶段都需要找出标准和实际表现，比较两者之间的差距，探讨造成差距的原因，并据此决定是否继续到下一阶段，还是重复这一阶段，或中止整个计划。差距评价模式注意到课程计划应该达到的标准（应然）与各个阶段实际表现（实然）之间的差距，并关注造成这种差距的原因，以便及时做出合理的抉择，这是其他评价模式所无法比拟的。但在“应然”与“实然”之间，会遇到许多价值判断的问题，这是一般评价手段难以解决的。

课程评价的意义在于其鲜明的导向性与激励功能和促进课程教学改革的重要作用。课程评价重点在于对课程质量和效果的评价，以及课程在人才培养中作用发挥的价值判断。在线开放课程既有传统课程的属性，又运用“网络+教育”的理念方法，具有信息技术与教育融合的典型特征。因此，在研究在线开放课程评价的问题时，既要运用传统课程评价的理论，也要充分考虑信息技术支撑下的在线开放课程建设标准与规范的实际情况。

由于在线开放课程是一种新兴的教育课程形式，传统的开发理论、非网络环境下的学习理论、教学理论、课程理论，常用的学习组织模式、管理方式都应做出新的调整和补充，甚至需要新的理论形式才能指导在线开放课程的设计、开发与实施。因此在进行在线开放课程的评价时必须考虑这种现状，抓住在线开放课程最实质的特点进行研究，逐步完善评价指标的建立。在线开放课程涵盖的教育元素、教育活动比较广泛，评价任务繁杂，不仅包括教材、学习目标、学习资料等内容，还包括学习活动、学习工具、学习支持、学习管理等方面的教育活动和元素，而且上述各项之间是紧密连接的，不能随意分离。因此在评价在线开放课程时不能只面向课程本身，应通盘考虑，系统设计。在线开放课程在网络环境下提供教学服务，这也是评价时应重点考虑的因素。

5.3 在线开放课程评价的原则

在线开放课程评价的原则主要有科学性原则、整体性原则、客观性原则、指导性原则和发展性原则。

5.3.1 科学性原则

科学性原则指的是在进行在线开放课程评价时，要从在线开放课程的教与学相统一的角度出发，以教学目标体系为依据，确定合理的统一的评价标准，认真编制、预试、修订评价工具；在此基础上，使用先进工作者的测量手段和统计方法，依据科学的评价程序和方法，对获得的各种数据和信息进行严格的分析和处理，避免依靠经验和直觉进行主观判断。

5.3.2 整体性原则

整体性原则是指在进行在线开放课程评价时，要对在线开放课程的课程简介、宣传片、课程团队、测试题库、参考资料等课程信息与资源和目标定位、课程内容、教学设计、课程讲授、教学资源、媒体呈现等构成要素以及教学过程、平台反馈信息等进行多角度、全方位、全覆盖的评价，避免以点代面、以偏概全、一概而论。为了能够真实准确地反映在线开放课程的质量水平与课程效果，应将定性评价与定量评价综合起来，使二者相互参照，但要把握主次，区分轻重，抓住影响在线开放课程的主要因素和决定在线开放课程的主导因素。

5.3.3 客观性原则

客观性原则是指在进行在线开放课程评价时，从测量的标准和方法到评价者所持有的态度，特别是最终的评价结果，都应该符合客观实际，不能主观臆断或掺入个人情感。要突出课程评价的目的在于在线开放课程建设质量和其发挥的功能作用的价值判断。

5.3.4 指导性原则

指导性原则指的是在进行在线开放课程评价时，不应该就事论事，而是要把评价与指导结合起来，对评价结果认真分析，从不同角度找出因果关系，分析其产生的原因，并通过及时的、具体的、有效的信息反馈，使在线开放课程建设的主体明确后续改进工作的方向和在线开放课程完善的重点。

5.3.5 发展性原则

在线开放课程评价是着眼于学习者的学习效果、课程团队改进教学问题和教学能力提升，促进在线开放课程质量和水平的提升，更好地为提升学习者能力素质提供服务。

除上述主要原则外，一般还应包括公正性原则、导向性原则、激励性原则、可行性原则、多元化原则、定性化原则、定量化原则等原则，这些原则也是其他各类评价通用性原则，都比较容易理解，这里就不详细阐述了。

5.4 在线开放课程评价的方式

在线开放课程是教育软件平台或系统上运行的课程资源，对在线开放课程的评价可以参考教育软件的评价方法进行。教育软件的评价方法主要有四种：分析评价法、指标体系评价法、观察评价法和实验评价法。相对于分析评价法的受参评人员主观影响较大，观察评价法和实验评价法耗时费力等客观因素的局限，指标体系评价法是在国内外较为普遍采用的评价在线开放课程的方法。在运用指标体系评价法时，应注重把握四个“相结合”。

5.4.1 定性评价与定量评价相结合

定量评价是指采用定量计算的方法，通过收集数据资料，用一定的数学模型或数学方法，采取统计处理手段进行的评价。定性评价是指不通过定量计算的方法，而是采用定性描述、解释的方法做出的价值判断。而定性评价也必须有评价的标准和依据，必须在取得有关资料的基础上做出科学判断。数量化方法与非数量化方法各有所长，也各有所短，在实际操作中应根据被评价的在线开放课程构成要素的属性和特点采取定性评价方法、定量评价方法或二者的结合进行评价。

5.4.2 静态评价与动态评价相结合

静态评价是对评价对象目标达到程度的评价，其特点是不考虑原有状态和发展趋势，只考虑评价对象在特定时空范围内的实现状况。它有利于横向比较，也有利于强化竞争，但无法进行纵向比较。如国家精品在线开放课程、省级精品在线开放课程等选优评价就是静态评价。动态评价是根据动态原理提出的进行教育评价的行为法则。其基本要求是教育评价过程中要注意对评价对象的历史情况、发展水平及发展趋势进行评价，并研究其对一定社会需要的敏感程度和响应能力。其评价的目的、内容、标准、方式应随时间的变化而逐步改进，评价的结论也应根据教育活动、教学水平的发展而不断被修正。动态评价的使用有利于指导、激发被评价对象的进取精神，明确前进方向，但无法进行横向比较。动态评价是发展性评价，适合对已在线运行开展教学服务的在线开放课程改进和完善情况进行评价。静态评价与动态评价结合起来，相互补充，更有利于在线开放课程建设质量和水平的逐步提升。

5.4.3　外部评价与自我评价相结合

外部评价是指评价对象以外的任何客体实施的评价，是“自我评价”以外的所有评价，如社会评价、领导评价、同行评价，行政评价、学生评价等。外部评价用他人的角度审视同一事物，可以避免主观片面性，客观性强；也能避免对自己评价过低或过高，真实性强。但外部评价组织实施的过程耗费的人力与财力较多，不宜频繁进行。自我评价指评价主体自己依据评价原理对照一定的评价标准主动评价自身的评价类型。自我评价不受时间和场合限制，简便易行，省时省力，耗资较少，可以在较长时间内连续操作，灵活机动。自我评价因其客观性不足，极少独立使用，一般是在他人评价或上级评价之前进行。规模较大的评价活动，通常的做法是先进行自我评价，在此基础上再组织适当规模的他人评价。自我评价有利于发现短板或问题，及时进行改进和完善，以求在他人评价中取得好的评价结果。综合发挥两类评价的优势，最大限度弥补二者的不足，以求达到理想的评价效果。例如，教学工作评价、重点实验室评估等，都要求进行自我评价。

5.4.4　形成性评价与总结性评价相结合

形成性评价（教学过程评价）是指为改进现行课程计划所从事的评价活动。它是一种过程评价，目的是要提供证据以便确定如何修订课程计划，而不是评定课程计划的优良程度。也就是说，它要求在课程设计的各个阶段不断地收集信息，以便在实施前加以修正。形成性评价关注的是课程问题的起因、课程计划的改进，评价结果主要是为课程开发改进课程所用。一般对在线开放课程建设实施方案、课程脚本、样片等评价可采取形成性评价。总结性评价（课程考核评价）也称终结性评价，是在课程计划实施之后关于其效果的评价。它是一种事后评价，目的是对所建设课程质量有一个“整体”的看法。它通常是在课程计划完成后，并在一定范围内实施后进行的。它的焦点放在整个课程计划的有效性上，以便就这项课程计划是否有效做出结论。总结性评价关注的是课程问题的程度、课程计划的整体效果，评价的结果主要是为课程的改进和完善提供依据和遵循，在线开放课程上线运行后，经过一个教学周期的教学服务以后，可采用总结性评价。

5.5 在线开放课程评价的组织模式与评价指标体系

5.5.1 在线开放课程评价的组织模式

在线开放课程评价的组织实施，一般分为三种模式。第一种模式指的是在线开放课程业务主管部门，根据在线开放课程建设规划或计划安排，对某一时期内（如“十三五”期间）建设的所有在线开放课程进行评价，对所有已上线运行提供教学服务的在线开放课程进行评价。这种模式的评价，一般会伴随通知下发评价标准或评价指标体系，明确评价实施要求，责成在线开放课程建设单位进行自评，得出自评等级，形成自评报告，收集整理自评结论支撑材料。上级主管部门组织专家组对上报的自评材料进行审核，给出最终评价结论，专家复核时可视情增加答辩质疑环节。这种评价是自下而上进行评价。第二种模式是选优评价，指的是各级在线开放课程业务主管部门，根据计划安排，评选出精品在线开放课程或评出等级，如各省教育厅组织的省级精品在线开放课程评选，要求各级教育主管部门按照明确的申报指标进行逐级评价遴选参评对象。第三种模式是汰劣评价，指的是在线开放课程支撑平台，根据在线开放课程提供咨询、在线授课、辅导答疑、研讨互动、课程考核等运行情况和动态更新情况，进行课程质量满意度和学习活跃度等测评，提出预警、整改、淘汰等处理意见的评价方式。由在线开放课程建设单位应用相应的评价标准或自行制定的评价指标体系对在开放线课程进行评价。

5.5.2 国家“精品在线开放课程”评价指标体系

如何建构一个全面客观、有指导意义的在线开放课程评价体系，保证在线开放课程质量和水平并促使其得到不断完善和改进，是迫切需要解决的现实问题。

我国的在线开放课程评价指标体系研究与构建起步较晚。2000 年，教育部科技司启动现代远程教育标准（distance learning technology standards，DLTS）项目；2001 年，教育部现代教育技术标准化委员会更名为教育部教育信息化技术标准委员会（China ELearning Technology Standardization Committee，CELTSC），原发布的 DLTS 更名为 CELTS；2002 年，教育部教育信息化技术标准委员会发布《网络课程评价规范 CELTS－22.1》（征求意见稿）。该评价指标体系由教学设计、界面设计、课程内容和技术四个维度组成。2015 年，教育部下发《教育部关于加强高等学校在线开放课程建设应用与管理的意见》（教高〔2015〕3 号，以下简称《意见》），提出认定一批国家精品在线开放课程，综合考察课程的教学内容与资源、教学设计与方法、教学活动与评价、教学效果与影响、团队支持与服务等要素，采取先建设应用后评价认定的思路组织实施。与《网络课程评价规范 CELTS－22.1》相比，《意见》提出的在线开发课程建设与评价要求，既注重等级评定的静态评价，又突出了改进与完善的发展性评价。2019 年，《教育部高等教育司关于开展 2019 年国家精品在线开放课程认定工作的通知》（教高司函〔2019〕32 号），从课程团队、课程教学设计、课程内容、教学活动与教师指导、应用效果与影响、课程平台支持服务六个方面对在线开放课程提出了明确要求，这六个维度就是国家“精品在线开放课程”评价的 6 个一级指标，相关要求就是相应指标的观测点及其描述。其详细情况见表 5－1。

表 5－1　2019 年我国精品在线开放课程评价指标体系

一级指标	二级指标的具体要求
课程团队	1. 课程负责人须为申报高校正式聘用的教师，具有丰富的教学经验和较高的学术造诣
	2. 主讲教师师德好，教学能力强，积极投身信息技术与教育教学深度融合的教学改革
	3. 课程团队结构合理，人员稳定，除课程负责人和主讲教师外，还应配备必要的助理教师，保障线上线下教学正常有序运行
	4. 课程团队主要成员须与课程平台显示人员一致
	5. 同一课程负责人只能申报一门课程

续表

一级指标	二级指标的具体要求
课程教学设计	1. 遵循教育教学规律，体现现代教育思想，符合大规模在线开放课程教学特征
	2. 以学生为中心建立教与学新型关系，构建体现信息技术与教育教学深度融合的课程结构和教学组织模式
	3. 课程知识体系科学
	4. 资源配置全面合理，适合在线学习和混合式教学
课程内容	1. 坚持立德树人，能够将思想政治教育内化为课程内容，弘扬社会主义核心价值观
	2. 反映学科专业最新发展成果和教改教研成果，具有较高的科学性水平
	3. 课程内容更新和完善及时
	4. 无危害国家安全、涉密及其他不适宜网络公开传播的内容，无侵犯他人知识产权内容
教学活动与教师指导	1. 通过课程平台，教师按照学校的教学计划和要求为学习者提供测验、作业、考试、答疑、讨论等教学活动，及时开展在线指导与测评
	2. 各项教学活动完整有效，按计划实施
	3. 学习者在线学习响应度高，师生互动充分，能有效促进师生之间、学生之间进行资源共享、互动交流和自主式与协作式学习
应用效果与影响	1. 申报课程在本校教学过程中能被较好地应用，将在线开放课程与课堂教学相结合，教学方法先进，教学质量高
	2. 在其他高校和社会学习者中共享范围广，应用模式多样，应用效果好，社会影响大
课程平台支持服务	1. 课程平台须按照中国互联网管理条例等规定，完成有关的备案和审批手续，至少获得国家信息安全等级保护二级认证
	2. 平台运行安全、稳定、畅通，课程在线教学支持服务高效
	3. 须制定相应的管理制度和工作流程，配有专业人员进行审查管理，确保上线课程的内容规范及技术水平

5.5.3 构建在线开放课程评价指标体系

构建在线开放课程评价指标体系的过程是在线开放课程建设开发的逆向思维过程。在线开放课程开发是依据在线开放课程建设标准规范，通过需求调研分析、选题立项、确立课程目标、选取教学内容、收集整理素材资源、教学方法设计、拍摄制作、上线运行服务、平台反馈整改等环节实施建设。在线开放课程评价是在课程完成建设、上线运行提供教学服务后，考核在线开放课程建设的全过程关键环节和主要构成要素符合在线开放课程建设标准规范程度，评价在线开放课程整体建设质量、应用效果等，为业务主管部门决策和改进在线开放课程提供依据。因此，在线开放课程评价指标体系应从在线开放课程建设过程环节、构成要素、平台反馈信息等梳理出评价指标及其关注点。

1. 设计在线开放课程评价指标体系的原则

在线开放课程既有传统课程的属性，又运用“网络+教育”的理念方法，具有信息技术与教育融合的典型特征。构建其评价指标体系时，既运用传统课程评价的理论与方法，又充分考虑信息技术支撑下的在线开放课程的特征与要求；既考虑评价对象与评价主体，又关注评价模式和评价技术；既注重过程评价，又注重结果评价；突出课程设计、教学过程、课程服务、课程应用等重点评价项目，构建覆盖在线开放课程全要素、开发建设全过程的评价指标体系。其具体操作中，应重点把握以下原则。

（1）方向性原则。评价指标体系是在线开放课程定位和课程目标的具体化。在设计指标体系时，站在立德树人的高度，遵循教育教学规律，体现现代教育思想，体现课程思政理念，符合教学目标要求。在课程评价理论的指导下，其体现评价的导向功能与激励作用，使指标体系具有鲜明的方向性和导向性。

（2）科学性原则。评价指标体系是由彼此联系又相对独立的指标组成的，指标间具有一定的逻辑关系，评价指标体系的建立，遵循科学的教育理论和统计学的资料分类要求，对各类指标科学分类。

（3）全面性原则。评价指标体系是由指标的集合组成的，每个指标反映总体目标的一个点或面，应完整地再现目标，使其各个层面都能显现出来，这样指标体系才能够全面地、无遗漏地再现和反映整个目标的要求。因此，在线开放课程评价指标体系应尽可能完备，最大限度地反映目标的各个层面。

（4）可操作性原则。评价指标是用可操作化的语言、数据加以测量或定义，应做到能定量则定量，不能定量的可以定性测量或利用其他方法加以测定。构建评价指标体系时，应尽量做到条目简明，表达清晰准确，每个主要观测点描述应内容具体、切实可行、便于操作；指标末端可测量，可以通过一定的测量手段获得信息，取得结论，以达到评价的可靠性、准确性和可操作性。

2. 设计在线开放课程评价指标体系的思路

在设计评价指标体系时，坚持理论与实际相结合、科学性和思想性相结合，运用现代教育理论和系统工程方法，对在线开放课程评价指标的科学性、准确性和可行性进行深入研究，并采用现代权重集合的构造方法、模糊综合评判方法等方法进行数据处理。在线开放课程评价指标体系是根据特定的评价目的，用于从多个维度选取相应的评价项目或要素进行科学、客观的价值判定的指标集合。评价指标主要来源于在线开放课程本身所包含的课程目标、课程内容、课程信息等构成要素和在线开放课程支撑平台提供的教与学过程数据和考核数据，而每个指标应有相应的分值和计算方法。评价指标的分类由分值类型和分值范围构成，评价指标的分值应落在规定的范围内。评价指标的分值类型有整数型、实数型、列表型、有序类型（评价指标的分值是一个有序离散的值区间，如 A、B、C、D）。

3. 设计在线开放课程评价指标体系的方法

把在线开放课程构成要素和支撑平台提供的数据信息类型分解为若干个评价项目，组成一个完整的指标系统。在这个系统中，应准确地反映要达到的目标，以及完成目标的客观情况，做出明确的结论。由于在线开放课程评价的复杂性，对目标进行一次分解，可得到几个一级指标；对一级指标进行再分解，得出若干个二级指标；各级指标根据其地位、作用和工作量的大小，分别设定出不同的权重。为增强指标可测性，通过再分解的方法，再将二级指标分解出若干个观测点。根据观测点的功能作用，制定出相应的评价标准，也就是对观测点进行详细而具体的描述。设计指标体系，力求简便易行、考虑全面、突出重点，定量评价与定性评价相结合，构成较为完整合理的评价指标体系。

4. 在线开放课程评价指标体系框架

从理论上讲，评价指标的层次越多、等级的数量越多，评价的精确度就越高，但超过 5 个等级的划分，一般就很难掌握，教育评价一般常用 2～5 个等级。

鉴于此，结合上述评价指标体系设计原则、思路、方法，在构建评价指标体系框架时，运用现代课程评价理论与方法，对评价指标的科学性、准确性和可行性进行深入研究，梳理出影响在线开放课程价值评定的课程定位、课程内容、教学过程、媒体呈现、课程效果、课程团队六个维度，即 6 个一级指标。对每个维度再分解，得出若干个二级指标，分别对二级指标进行分解获得相应的观测点，对每个观测点进行界定和描述，即构成了评价指标体系框架。

（1）课程定位维度。课程定位维度可分解为课程理念、教学对象、建设思路 3 个二级指标。课程理念指标重点考察是否遵循教育教学规律、体现现代教学思想，以及与在线开放课程特点和规律的符合度等。教学对象指标重点考察在线开放课程服务对象是否明确。建设思路指标重点考察在线开放课程建设原则与思路是否明确清晰。课程定位维度评价指标体系框架如表 5-2 所示。

表 5-2　课程定位维度评价指标体系框架

一级指标	二级指标	观测点
课程定位	课程理念	1. 遵循教育教学规律，体现现代教学思想； 2. 坚持立德树人，注重课程思治； 3. 符合在线开放课程特点和规律； 4. 课程着眼学习者岗位能力提升和知识拓展更新需要
	教学对象	针对在校学生或特定的社会人群进行课程选题和开发建设，教学对象范围明确
	建设思路	建设原则与思路清晰，通过学习应达到的学习效果和能力水平定位准确具体

（2）课程内容维度。课程内容维度可分解为内容选取、课程设计、课程资源和版权与保密 4 个二级指标。内容选取指标重点考察课程内容是否满足学习者学习需求、课程内容是否具有科学性、先进性、前瞻性等。课程设计指标重点考察课程要素是否齐全，知识体系、章节编排是否合理，知识点划分和课程内容深浅度是否合适等。课程资源指标重点考察课程资源要素是否齐全、规范，数据与事实引用是否严谨规范，课程辅助资源和参考资料是否满足需求等。版

权与保密指标重点考察课程内容政治上是否合规，有无侵权问题，是否符合保密要求等。课程内容维度评价指标体系框架如表 5–3 所示。

表 5–3 课程内容维度评价指标体系框架

一级指标	二级指标	观测点
课程内容	内容选取	1. 内容满足学习者学习需求； 2. 内容反映学科专业（领域）先进的核心理论（成果）和发展前沿，具有科学性、先进性、前瞻性
	课程设计	1. 课程要素齐全，知识体系科学，章节编排合理； 2. 知识点独立完整，重点突出、内容精练、深浅适度； 3. 随堂测试和在线考核区分度合理、难易适当
	课程资源	1. 课程资源要素齐全、规范； 2. 数据与事实引用规范严谨； 3. 课程辅助资源和参考资料丰富
	版权与保密	1. 课程内容政治上合规； 2. 课程无侵犯他人知识产权情况； 3. 课程无危害国家安全、损害党和国家形象声誉的内容，课程无涉密问题

（3）教学过程维度。教学过程维度可分解为教学设计、教学方法、课程讲授 3 个二级指标。教学设计指标重点考察教学设计思想、教学策略是否符合认知规律，教学形式是否灵活多样，创意是否新颖等。教学方法指标重点考察教学方法是否符合在线开放课程类型及特点等。课程讲授指标重点考察表述是否清晰、准确，讲解是否透彻，重点是否突出等。教学过程维度评价指标体系框架如表 5–4 所示。

表 5–4 教学过程维度评价指标体系框架

一级指标	二级指标	观测点
教学过程	教学设计	1. 思想先进，策略得当，符合认知规律； 2. 呈现形式灵活多样，创意新颖； 3. 启发性好，交互性强
	教学方法	1. 教学方法与教学活动组织科学合理； 2. 符合教育教学规律和特点； 3. 教学模式与在线课程类型相适应

续表

一级指标	二级指标	观测点
教学过程	课程讲授	1. 思路清晰，表述准确； 2. 讲解透彻，重点突出； 3. 语言生动、语速适当、表达清晰、通俗易懂，感染力强

（4）媒体呈现维度。媒体呈现维度可分解为出镜人员、媒体选用、媒体素材、编辑制作 4 个二级指标。出镜人员指标重点考察出镜的教师和出镜的示教人员的仪表、着装、肢体语言、操作动作等的规范性。媒体选用指标重点考察所选用的媒体形式是否合适，素材是否丰富，是否能有效支持内容表达等。媒体素材指标重点考察媒体的多样性、精美度、表现力等。编辑制作指标重点考察教学视音频、画面构图、剪辑等是否符合标准规范。媒体呈现维度评价指标体系框架如表 5–5 所示。

表 5–5　媒体呈现维度评价指标体系框架

一级指标	二级指标	观测点
媒体呈现	出镜人员	1. 教师仪表得体，着装规范，肢体语言运用适当； 2. 示教人员着装符合要求，操作规范
	媒体选用	运用文本、图表、图像、音频、视频、动画等媒体形式适当，制课形式与课程类型匹配
	媒体素材	1. 图片、动画、音视频等素材丰富； 2. 多媒体课件制作精美，动画、模拟仿真表现合理，图表文字应用得当、可视性强
	编辑制作	1. 录制模式恰当，媒体素材与内容联系紧密； 2. 微视频时长符合规范要求； 3. 画面构图合理、简洁明快，主体突出、服从内容表达； 4. 音视频符合技术标准、声画同步，剪辑衔接自然、镜头衔接合理流畅、声音清晰； 5. 文字醒目、字幕规范

（5）课程效果维度。课程效果维度可分解为课程服务、互动交流、课程应用 3 个二级指标。课程服务指标重点考察课程团队在线指导与服务的时效性，

以及课程内容与课程资料更新情况等。互动交流指标重点考察学习者在线互动交流是否充分等。课程应用指标重点考察课程应用效果、社会影响、学习者评价等。课程效果维度评价指标体系框架如表 5–6 所示。

表 5–6 课程效果维度评价指标体系框架

一级指标	二级指标	观测点
课程效果	课程服务	1. 通过课程平台，教师按照教学计划和要求为学习者提供咨询、测验、作业、考试、答疑、讨论等教学活动，及时开展有效的在线指导与测评； 2. 课程内容和课程资源更新与完善及时
	互动交流	1. 学习者在线学习响应度高，互动交流充分； 2. 能有效促进自主式学习与协作式学习
	课程应用	1. 应用效果好，社会影响力大； 2. 学习者反馈好、评价高

（6）课程团队维度。课程团队维度可分解为课程负责人和团队成员 2 个二级指标。课程负责人指标重点考察负责人的教学能力、学术水平、师德师风等。团队成员指标重点考察团队结构、各类人员的能力水平、是否符合项目服务要求等。课程团队维度评价指标体系框架如表 5–7 所示。

表 5–7 课程团队维度评价指标体系框架

一级指标	二级指标	观测点
课程团队	课程负责人	1. 负责人在本课程专业领域有较高学术造诣，成果丰硕； 2. 教学经验丰富，教学水平高，师德师风好； 3. 在推进信息技术与教育教学深度融合的在线课程建设中投入精力大，有一定影响度
	团队成员	1. 教学人员、技术人员和管理保障人员比例适当，课程团队结构合理； 2. 主讲教师师德好，教学能力、表现力强

区分二级指标的重要程度通过分配相应的权重，再对二级指标的观测点赋值，将所有一级指标、二级指标（含权重）及其观测点（含赋值）整合在一起，即可形成完整的在线开放课程评价指标体系。根据不同的评价目的，可选取所

需的一级指标，并对相应的二级指标及其所属观测点进行取舍，给出相应的计算公式，便可形成满足不同评价要求的指标体系。

5. 完整的在线开放课程评价指标体系

将上述开放课程评价指标体系框架整合起来，对 19 个二级评价指标进行赋值，按照有序类型以有序离散的区间 A（1.0）、B（0.8）、C（0.6）、D（0.4）类型，确定评价等级，再将有序类型映射到每个二级指标观测点的整数类型，得到该二级指标的评价得分，应用计算公式 $M=\sum KiMi$（其中 Ki 为评价等级系数）把每个二级指标评价得分相加便得出在线开放课程的最终评价得分。根据评价得分，确定在线开放课程的最终评价等级，总分 $M\geqslant 90$ 分为优秀，80 分$\leqslant M<$ 90 分为良好，70 分$\leqslant M<$80 分为一般，60 分$\leqslant M<$70 分为合格，$M<$60 分为不合格。需要说明的是，标注★重要指标有 1 项评价为 D 视为不合格。完整的在线开放课程评价指标体系见表 5-8。

表 5-8　完整的在线开放课程评价指标体系

一级指标	二级指标	观测点及描述	分值（Mi）	评价等级（Ki）			
				A	B	C	D
				1.0	0.8	0.6	0.4
课程定位	课程理念	遵循教育教学规律，体现现代教学思想；坚持立德树人，注重课程思治；符合在线开放课程特点和规律；课程着眼学习者岗位能力提升和知识拓展更新需要	4				
	教学对象	针对在校学生和社会特定人群进行课程选题和开发建设，教学对象范围明确	3				
	建设思路	课程建设原则与思路清晰，通过学习应达到的学习效果和能力水平定位准确具体	3				
★课程内容	内容选取	课程内容满足学习者学习需求；反映学科专业（领域）先进的核心理论（成果）和发展前沿，具有科学性、先进性、前瞻性	10				

续表

一级指标	二级指标	观测点及描述	分值（Mi）	评价等级（Ki）			
				A	B	C	D
				1.0	0.8	0.6	0.4
★课程内容	课程设计	课程要素齐全，知识体系科学，章节编排合理；知识点独立完整，重点突出、内容精练、深浅适度；随堂测试和在线考核区分度合理、难易适当	10				
	课程资源	课程资源要素齐全、规范；数据与事实引用规范严谨；课程辅助资源和参考资料丰富	7				
	版权与保密	课程内容政治上合规；无侵犯他人知识产权情况；无危害国家安全、损害党和国家形象声誉的内容；课程无涉密问题	3				
★教学过程	教学设计	思想先进，策略得当，符合认知规律；呈现形式灵活多样，创意新颖；启发性好，交互性强	5				
	教学方法	教学方法与教学活动组织科学合理；符合教育教学规律和特点；教学模式与在线开放课程类型相适应	5				
	课程讲授	思路清晰，表述准确；讲解透彻，重点突出；语言生动、语速适当、表达清晰、通俗易懂，感染力强	5				
媒体呈现	出镜人员	教师仪表得体，着装规范，肢体语言运用适当；示教人员着装符合要求，操作规范	3				
	媒体选用	运用文本、图表、图像、音频、视频、动画等媒体形式适当，制课形式与课程类型匹配	3				
	媒体素材	图片、动画、音视频等素材丰富；多媒体课件制作精美，动画、模拟仿真表现合理，图表文字应用得当、可视性强	4				
	编辑制作	录制模式恰当，媒体素材与内容联系紧密；微视频时长符合规范要求；画面构图合理、简洁明快，主体突出、服从内容表达；音视频符合技术标准、声画同步，剪辑衔接自然、镜头衔接合理流畅、声音清晰；文字醒目、字幕规范	5				

续表

一级指标	二级指标	观测点及描述	分值（Mi）	评价等级（Ki）			
				A	B	C	D
				1.0	0.8	0.6	0.4
课程效果	课程服务	通过课程平台，教师按照教学计划和要求为学习者提供咨询、测验、作业、考试、答疑、讨论等教学活动，及时开展有效的在线指导与测评；课程内容和课程资源更新与完善及时	5				
	互动交流	学习者在线学习响应度高，互动交流充分；能有效促进自主式学习与协作式学习	5				
	课程应用	应用效果好，社会影响力大；学习者反馈好、评价高	10				
课程团队	课程负责人	负责人在本课程专业领域有较高学术造诣，成果丰硕；教学经验丰富，教学水平高，师德师风好；在推进信息技术与教育教学深度融合的在线开放课程建设中投入精力大，有一定影响度	5				
	团队成员	教学人员、技术人员和管理保障人员比例适当，课程团队结构合理；主讲教师师德好，教学能力、表现力强	5				

在线开放课程评价结果，作为评选精品在线开放课程、优秀教学团队、优秀教师的重要指标，同时作为在线开放课程脚本编写费用等发放标准确定因素，区分评价结果等级，按优秀、良好、一般、合格的不同档次发放在线开放课程的脚本编写费用。评价结果也可作为课程负责人及其团队成员申请在线开放课程建设项目加分因素，供立项审查专家把握。评价结果为合格以上的在线开放课程可继续在线运行；对于评价为不合格的在线开放课程，责成课程团队在规定的期限内整改完善，再次评价审核达到合格标准后方可重新上线运行。

参考文献

[1] 杨俊茹．浅谈网上教学的实践与探索［J］．黑龙江科技信息，2012（27）．

［2］王健梅．提升网上教学讨论参与度和互动性教学策略研究——以开放教育《企业会计准则专题》课程为例［J］．天津职业院校联合学报，2016（7）．

［3］常万新．网上教学引入问题教学法的思考［J］．天津电大学报，2009（2）．

［4］陈房捷，苏丽，陈飞鹏．名师讲座网上教学课件的设计［J］．中国电化教育，2001（8）．

［5］张玉珺．浅析中职学校网络课程评价模式［J］．中国科技博览，2015（11）．

［6］国家市场监督管理总局，中国国家标准化管理委员会．信息技术　学习、教育和培训在线课程：GB/T 36642—2018［S］．北京：中国标准出版社，2018．

［7］敖永红，雍成纲，柯水洲，等．军事职业教育在线课程建设考量［J］．教育教学论坛，2017（7）．

［8］孙福，王英华．军事职业教育课程资源建设的思考［J］．继续教育，2018（4）．

［9］杜溟．基于在线教育的军事职业教育教学模式探讨［J］．继续教育，2016（12）．

［10］李晓娇．美国陆军推进军官军事职业教育教学改革的做法及启示［J］．科教导刊，2016（4）．

［11］胡铁生，黄明燕，李民．我国微课发展的三个阶段及其启示［J］．远程教育杂志，2013（4）．

［12］吴艳梅，别致．微课设计与制作［J］．继续教育，2018（1）．

［13］黄丽萍．高校微课建设现状及发展对策研究［J］．吉林省教育学院学报，2018（6）．

［14］潘丽娜，张洁．高校微课建设问题初探［J］．石家庄铁路职业技术学院学报，2017，9（3）．

［15］段丽华，吴王华．安徽高校微课建设的现状分析与发展对策研究［J］．蚌埠学院学报，2016，1（5）．

［16］文剑辉．高校微课建设策略研究［J］．韶关学院学报，2016（1）．

［17］孙福．高校微课建设的思考［J］．实验技术与管理，2019，36（6）．

［18］金慧. 在线学习的理论与实践——课程设计的视角［M］. 北京：清华大学出版社，2017.
［19］杨孝堂，陈守刚. 泛在学习的理论与模式［M］. 北京：中央广播电视大学出版社，2012.
［20］刘培国，唐波，黄海风，等. MOOC 方法与实践［M］. 北京：电子工业出版社，2017.
［21］卢昱，陈建泗，李玺，等. 大数据时代装备教学能力生成模式转变研究［M］. 北京：兵器工业出版社，2017.
［22］潘晓彦，蒋家琼，莫兰，等. 美国“QM 质量标准”与我国“精品在线开放课程”评价指标体系比较研究［J］. 湖南师范大学教育科学学报，2019（3）.
［23］郭富平. 美国在线课程的评价原则及启示［J］. 华北科技学院学报，2012，4（9）.
［24］ALLEN I E，SEAMAN J. Going the distance：online education in the United States, 2011［EB/OL］.［2012-07-06］. http://www.onlinelearningsurvey.com/reports/goingthedistance pdf.
［25］Southwestern College. Tenure review & faculty evaluation manual［EB/OL］.［2012-07-16］. http://www.swccd.edu/Pdfs/EvalProcFacOnlineHybridTRManl.pdf.
［26］陈庚，丁新，袁松鹤，等. 网络课程要素分析及建设［J］. 开放教育研究，2008（12）.
［27］赵国栋，刘强. 美国远程互联网教育的质量评估［J］. 中国远程教育，2000（12）.
［28］罗晓春. 网络教育课程质量认证标准的研究与设计［D］. 南京：南京师范大学，2002.
［29］王正东. 英国远程开放教育质量保证制度的文化透视［J］. 远程教育杂志，2011（5）.
［30］肖利英. 美国在线课程评价项目分析研究［D］. 曲阜：曲阜师范大学，2009.

［31］任泓泽，王海娇．浅析校本课程评价指标体系构建的原则［J］．课程教育研究，2013，8（上）．

［32］彭颖，颜国欢．信息化条件下网络课程评价指标体系构建的基本原则探究［J］．科技信息，2008（25）．

［33］山笑珂．我国慕课课程评价体系建设思路初探［J］．中国成人教育，2016（18）．

［34］谭园园，孙迦．在线开放课程评价研究［J］．计算机教学与教育信息化，2015，13（11）．

［35］马瑞，吴晓璇，孙倩君，等．MOOC 传播效果评价指标体系构建研究［J］．现代教育技术，2015，25（6）．

［36］白艳晶，云长海，徐清刚，等．“三导向”人才培养模式下课程评价指标体系的构建研究［J］．医学教育管理，2017，3（4）．

［37］陈然，张晓，唐荣．我国开放大学在线课程质量评价研究——来自美国 Quality Matters 的启示［J］．成人教育，2020（2）．

［38］教育大辞典编纂委员会．教育大辞典［M］．上海：上海教育出版社，1990．

附录 1
在线开放课程立项申报书

在线开放课程立项申报书

申 报 单 位 ______________________________

课 程 名 称 ______________________________

课 程 类 别 ______________________________

所 属 学 科 ______________________________

课程负责人 ______________________________

申 报 日 期 ______________________________

×××制表

填表说明

一、以 Word 文档格式如实填写各项。

二、表格文本中外文名词第一次出现时，要写清全称和缩写，再次出现时可以使用缩写。

三、本表栏目未涵盖的内容，需要说明的，请在说明栏中注明。

四、如表格篇幅不够，可另附纸。

五、申报书用 A4 纸张双面打印填报。

六、课程类别包括：MOOC 课程、SPOC 课程、实践训练课程、虚拟实验课程、微课、音频课等。其他课程请填写具体名称。

1. 课程负责人

<table>
<tr><td rowspan="4">1－1
基本
信息</td><td>姓名</td><td></td><td>性别</td><td></td><td>出生年月</td><td></td></tr>
<tr><td>学历</td><td></td><td>职称/职务</td><td></td><td>联系方式</td><td></td></tr>
<tr><td>单位</td><td colspan="2"></td><td>E－mail</td><td colspan="2"></td></tr>
<tr><td>地址</td><td colspan="2"></td><td>邮编</td><td colspan="2"></td></tr>
<tr><td rowspan="5">1－2
近 5 年
相关课
程主讲
情况</td><td colspan="2">课程名称</td><td>课程类别</td><td>授课对象</td><td>周学时</td><td>学生数/期</td></tr>
<tr><td colspan="2"></td><td></td><td></td><td></td><td></td></tr>
<tr><td colspan="2"></td><td></td><td></td><td></td><td></td></tr>
<tr><td colspan="2"></td><td></td><td></td><td></td><td></td></tr>
<tr><td colspan="2"></td><td></td><td></td><td></td><td></td></tr>
<tr><td>1－3
教学
研究
情况</td><td colspan="6">主持的教学研究课题（含课题名称、来源、年限，不超过 5 项）；作为第一署名人在国内外公开发行的刊物上发表的教学研究论文（含题目、刊物名称、时间，不超过 10 项）；获得的教学表彰/奖励（不超过 5 项）。</td></tr>
<tr><td>1－4
学术
研究
情况</td><td colspan="6">近 5 年来承担的学术研究课题（含课题名称、来源、年限、本人所起作用，不超过 5 项）；在国内外公开发行刊物上发表的学术论文（含题目、刊物名称、署名次序与时间，不超过 5 项）；获得的学术研究表彰/奖励（含奖项名称、授予单位、署名次序、时间，不超过 5 项）。</td></tr>
</table>

2. 课程团队其他成员（包括其他主讲教师、助教、技术支持等）

2－1 人员组成

姓名	出生年月	职称/职务	从事学科	在本课程中承担的工作	备注

2－2 成员承担相关教研教改项目情况

姓名	项目名称	项目来源	项目起止时间	承担的工作

2－3 团队成员公开发表相关教研教改论文或出版教材情况

教研教改论文或教材名称	发表刊物名称、刊号及级别，出版社名称及教材类别	发表或出版时间	本人排名

3. 课程情况

1. 课程建设基础（目前本课程的开设情况，开设时间、年限、授课对象、授课人数，以及相关视频情况和面向社会的开放情况）
2. 课程设计（课程完整教学内容简介、章节教学目标及课时安排、每课时教学内容概述、教学设计与方法、教学活动与评价等）
3. 课程预期受众的定位与目标

4. 课程改革思路

本课程基于在线开放课程改革的设计思路，可附页

5. 课程的经费预算

序号	支出科目	金额/元	计算根据及理由
合计			

6. 进度安排

课程建设计划安排

7. 承诺与责任

1. 课程负责人保证课程资源内容不存在政治性、思想性、科学性和规范性问题。 2. 课程负责人保证申报所使用的课程资源知识产权清晰，无侵权使用的情况。 3. 课程负责人保证课程资源及申报材料不涉及国家安全和保密的相关规定，可以在网络上公开传播与使用。 4. 自愿参加在线开放课程平台课程的建设申报工作。 5. 保证团队时间、精力投入。 6. 保证课程研发目标实现。 课程负责人签字： 年 月 日

8. 审批意见

申报单位意见	负责人（签字） （公章） 年 月 日
评审专家意见	专家组长（签字） 年 月 日
主管部门意见	负责人（签字） （公章） 年 月 日

附录 2

在线开放课程建设实施方案评审意见表

在线开放课程建设实施方案评审意见表

填表时间：　　年　月　日

<table>
<tr><td>课程名称</td><td colspan="3"></td></tr>
<tr><td>课程负责人</td><td></td><td>单位</td><td></td></tr>
<tr><td>课程类型</td><td></td><td>建设起止时间</td><td>年　月—　　年　月</td></tr>
<tr><td colspan="4">评审意见：</td></tr>
<tr><td>专家组长
（签名）</td><td></td><td>专家组成员
（签名）</td><td></td></tr>
</table>

附录 3

在线开放课程中期检查意见表

在线开放课程中期检查意见表

填表时间：　　年　月　日

<table>
<tr><td>课程名称</td><td colspan="3"></td></tr>
<tr><td>课程负责人</td><td></td><td>单位</td><td></td></tr>
<tr><td>课程类型</td><td></td><td>建设起止时间</td><td>年　月—　　年　月</td></tr>
<tr><td colspan="4">课程建设进度信息</td></tr>
<tr><td colspan="4">1. 课程教学内容设计、知识点拆分　已完成（　　）%
2. 知识点视频录制、后期制作　已完成（　　）%
3. PPT 教案　已完成（　　）%
4. 随堂测试题　已完成（　　）%
5. 考试题库　已完成（　　）%
6. 电子教材（微课、音频课不需要）已完成（　　）%
7. 课程预告片　已完成（　　）%
8. 课程简介　已完成（　　）%
9. 课程封面图片　已完成（　　）%
10. 课程导学及常见问题　已完成（　　）%
11. 课程教师团队介绍　已完成（　　）%
12. 训练指导书（仅限在线虚拟训练课程）已完成（　　）%
13. 训练软件（仅限在线虚拟训练课程）已完成（　　）%
14. 完成的其他工作：（注：如作业、辅助资源、软件工具、参考资料清单等）</td></tr>
</table>

<table>
<tr><td colspan="4">中期检查专家组意见</td></tr>
<tr><td colspan="4"></td></tr>
<tr><td>专家组长
（签名）</td><td></td><td>专家组成员
（签名）</td><td></td></tr>
</table>

附录 4

在线开放课程验收报告书

在线开放课程验收报告书

建 设 单 位________________________

适 用 对 象________________________

课 程 名 称________________________

课 程 类 型________________________

课程负责人________________________

联 系 电 话________________________

课 程 网 址________________________

×××制表

填表说明

一、以 Word 文档格式如实填写各项。

二、表格文本中外文名词第一次出现时，要写清全称和缩写，再次出现时可以使用缩写。

三、本表栏目未涵盖的内容，需要说明的，请在说明栏中注明。

四、如表格篇幅不够，可另附纸。

五、验收报告书用 A4 纸张双面打印填报。

六、课程类别包括：MOOC 课程、SPOC 课程、实践训练课程、虚拟实验课程、微课、音频课等。其他课程请填写具体名称。

1. 课程负责人及团队情况

<table>
<tr><td rowspan="4">负责人基本情况</td><td colspan="2">姓名</td><td></td><td>性别</td><td></td><td>出生年月</td><td></td></tr>
<tr><td colspan="2">学历</td><td></td><td>职称</td><td colspan="3"></td></tr>
<tr><td colspan="2">学位</td><td></td><td>职务</td><td colspan="3"></td></tr>
<tr><td colspan="2">手机</td><td></td><td>E－mail</td><td colspan="3"></td></tr>
<tr><td rowspan="5">课程建设团队基本情况</td><td>姓名</td><td>性别</td><td>出生年月</td><td>职称/职务</td><td>学科专业</td><td colspan="2">在本课程中承担的工作</td></tr>
<tr><td></td><td></td><td></td><td></td><td></td><td colspan="2"></td></tr>
<tr><td></td><td></td><td></td><td></td><td></td><td colspan="2"></td></tr>
<tr><td></td><td></td><td></td><td></td><td></td><td colspan="2"></td></tr>
<tr><td></td><td></td><td></td><td></td><td></td><td colspan="2"></td></tr>
</table>

2. 课程建设情况

<table>
<tr><td>课程名称</td><td></td><td>课程所属学科/专业</td><td></td></tr>
<tr><td>学时/学分</td><td></td><td>所属院部</td><td></td></tr>
<tr><td>资源建设时间</td><td>年　月—　年　月</td><td>开课时间</td><td>年　月—　年　月</td></tr>
<tr><td>实施班级</td><td colspan="3"></td></tr>
<tr><td>课程资源建设汇总</td><td colspan="3">微课______个，课件______个，动画________个，
题库______个，视频______个，其他（自行填写）________个，
视频总时长__________分钟。</td></tr>
</table>

续表

<table>
<tr><td rowspan="2">建设内容</td><td>（1）与计划相比，资源建设是否有调整：（如有调整，请写明调整原因及具体情况）</td></tr>
<tr><td>（2）在线开放课程建设资源一览表（具体填写方式，参考建设任务书）

<table>
<tr><th>章节名称
（项目/模块）</th><th>学时
安排</th><th>知识点/技能点</th><th>资源
类型</th><th>数量</th><th>负责人</th><th>备注</th></tr>
<tr><td></td><td></td><td></td><td></td><td></td><td></td><td></td></tr>
<tr><td></td><td></td><td></td><td></td><td></td><td></td><td></td></tr>
<tr><td></td><td></td><td></td><td></td><td></td><td></td><td></td></tr>
<tr><td></td><td></td><td></td><td></td><td></td><td></td><td></td></tr>
<tr><td></td><td></td><td></td><td></td><td></td><td></td><td></td></tr>
<tr><td></td><td></td><td></td><td></td><td></td><td></td><td></td></tr>
<tr><td>表格不够可
自行扩充</td><td></td><td></td><td></td><td></td><td></td><td></td></tr>
<tr><td>合计</td><td></td><td></td><td></td><td></td><td></td><td></td></tr>
</table>

上表填写内容说明（填好后请删除本段文字）：
① 课程数字化资源知识覆盖比例达 100%。视频、动画、仿真资源所占比例不得低于总资源的 60%。
② 微课/视频参考数量：30 课时，大约 45 个微课/视频/动画；60 课时，大约 90 个微课/视频/动画；90 课时，大约 120 个微课/视频/动画。每个视频 5～15 分钟。实习实训课程、实验实践环节超过 50%的理实一体或项目化课程的微课或视频参考数量可适当降低 20%左右。重点或者难点原理或者工作过程最好有相关动画或仿真等资源。
③ 单元测试/知识拓展：1 套/每单元（每个模块），每套不低于 15 题；或者每个单元配置一个综合项目练习。</td></tr>
</table>

3. 课程实施情况

在线开放课程资源使用情况、考核情况、教学效果与评价等。 注：结合课程实际使用情况，用平台数据说明任务点发布、学生管理、章节测验、成绩管理、讨论、作业、考试、效果等情况。

4. 存在问题及改进计划

课程建设中存在的问题、改进计划、下一步目标等。

5. 经费使用情况

序号	支出项目	支出用途概述	实施时间/年	单位	数量	金额/元
合计						

6. 验收意见

<table>
<tr><td>（1）建设单位审核意见（就在线开放课程的建设与使用进行评价）

负责人（签字）：

盖章：
年　月　日</td></tr>
<tr><td>（2）验收专家组意见
验收结论：
□通过（□优秀　□合格）
□不通过（□有突击使用记录　□ 视频不合格 □进度未完成 □资源未应用
□其他原因）
其他意见：

验收专家组组长签字：
年　月　日</td></tr>
<tr><td>（3）主管部门意见

公章：
年　月　日</td></tr>
</table>

附录 5

在线开放课程上线政治审查表

在线开放课程上线政治审查表

<table>
<tr><td>课程名称</td><td colspan="3"></td></tr>
<tr><td>课程类别</td><td colspan="3">□ MOOC 课程　□ SPOC 课程　□ 实践训练课程　□ 虚拟实验课程
□ 微课　□ 音频课
□ 其他：＿＿＿＿＿＿＿＿（请填写具体名称）</td></tr>
<tr><td>服务类型</td><td colspan="3">□ 本科教育
□ 研究生教育
□ 职业教育
□ 高等教育自学考试
□ 继续教育
□ 职业技能培训
□ 知识拓展更新
□ 其他：＿＿＿＿＿＿＿＿（请填写具体名称）</td></tr>
<tr><td>密级</td><td></td><td>拟上线平台</td><td></td></tr>
<tr><td>项目负责人</td><td></td><td>单位</td><td></td></tr>
<tr><td>联系电话</td><td colspan="3">手机：＿＿＿＿＿＿＿＿　电话：＿＿＿＿＿＿＿＿</td></tr>
<tr><td>建设单位意见</td><td colspan="3">我单位人员承建的《××××××》（在线开放课程名称）授课视频及配套教学资源符合政治审查相关规定，上线后补充更新事宜也将严格遵循本次政治审查标准。
项目负责人所在单位（公章）
年　月　日</td></tr>
<tr><td>政审主管部门审查意见</td><td colspan="3">政审主管部门（公章）
年　月　日</td></tr>
</table>

附录 6

在线开放课程上线保密审查表

在线开放课程上线保密审查表

课程名称			
课程类别	☐ MOOC 课程 ☐SPOC 课程 ☐实践训练课程 ☐ 虚拟实验课程 ☐ 微课 ☐ 音频课 ☐ 其他：____________________（请填写具体名称）		
服务类型	☐ 本科教育 ☐ 研究生教育 ☐ 职业教育 ☐ 高等教育自学考试 ☐ 继续教育 ☐ 职业技能培训 ☐ 知识拓展更新 ☐ 其他：____________________（请填写具体名称）		
密级		拟上线平台	
项目负责人		单位	
联系电话	手机：__________________ 电话：________________		
建设单位意见	我单位人员承建的《××××××》（在线开放课程名称）授课视频及配套教学资源符合保密审查相关规定，上线后补充更新事宜也将严格遵循本次保密审查标准。 项目负责人所在单位（公章） 年　月　日		
保密部门 审查意见	保密部门（公章） 年　月　日		

附录 7

在线开放课程上线申请表

在线开放课程上线申请表

1. 课程信息

1. 负责人信息			
姓　名		专业技术职务	
联系电话		行政职务	
建设单位		E－mail	
课程联系人		联系人电话	
联系人 E－mail		其他联系方式	（微信等）
2. 课程基本情况			
课程名称			与立项课程名称一致
课程代码			必填，需与教务系统一致
课程类别			MOOC 课程、SPOC 课程、实践训练课程、虚拟实验课程、微课、音频课等。其他课程请填写具体名称。
所属学科门类			参照《普通高等学校本科专业目录和专业介绍（2012）》
所属专业大类			同上
适用专业			具体列出
授课对象			本科生、研究生、社会公众

续表

学分		需与教务系统一致
周学时		例如：4 学时
教学周次		例如：12 周，不含考试周
计划开课时间	年　月　日	无法确定具体日期可只填到月份
课程简介（本课程的主要内容和特色等介绍，500～1 000 字）：		

*备注：以上栏目均必须填写

2. 课程负责人承诺

1. 保证拟上线课程无政治性、科学性错误及违反国家有关规定的问题。
2. 保证课程内容知识产权清晰、明确，不侵犯第三方权益。
3. 保证按照学校相关规定，在课程开设过程中做好授课、辅导和考核等工作。

课程负责人签字：　　　　　　日期：　　年　月　日

3. 建设单位审查意见与承诺

××× (单位名称) 已按有关规定对课程内容进行了审查，情况属实，并保证课程按计划上线后做到：

1. 保证对课程上线开课所需的人力、物力和工作时间等条件给予支持。
2. 保证上线课程无政治性、科学性错误及违反国家有关规定的问题。
3. 保证课程内容知识产权清晰、明确，不侵犯第三方权益。
4. 保证按照学校有关要求开展校校间和多校间的资源共享、课程互选和学分互认等。
5. 需要说明的其他问题。

建设单位主管领导签字：　　　　盖章：　　　　日期：　　年　月　日

4. 专家组审查意见

（至少 2 位专家签署意见）   签名： 盖章： 日期： 年 月 日

5. 主管部门审查意见

    签名： 盖章： 日期： 年 月 日